La puerta secreta hacia el éxito

Florence Scovel Shinn

La puerta secreta
hacia el éxito

The Secret Door to Success
DeVorss & Company

La puerta secreta hacia el éxito
Florence Scovel Shinn

D. R. © Editorial Lectorum, S. A. de C. V., 2005
Centeno 79-A, col. Granjas Esmeralda
C. P. 09810, México, D. F.
Tel. 5581 3202
www.lectorum.com.mx
ventas@lectorum.com.mx

L. D. Books Inc.
Miami, Florida
sales@ldbooks.com

Lectorum, S. A.
Buenos Aires, Argentina
ventas@lectorum-ugerman.com.ar

Cuarta reimpresión: octubre de 2009
ISBN: 970-732-111-3

© Traducción: Catherine Seelig

Impreso y encuadernado en México.
Printed and bound in Mexico.

LA PUERTA SECRETA HACIA EL ÉXITO

---------- ✦ ----------

Y el pueblo gritó y se tocaron las trompetas.
En este preciso momento se derrumbaron
los muros de la ciudad. Entonces cada uno
avanzó sobre la parte de la ciudad que tenía
a su frente. Se apoderaron de Jericó.
Josué 6, 20

A una persona exitosa siempre se le pregunta: "¿Cuál es el secreto de su éxito?".

Nadie suele preguntarle a un hombre arruinado: "¿Cuál es el secreto de su ruina?". Darse cuenta de eso es sencillo y a ninguna persona le interesa saberlo.

Todo el mundo quiere saber de qué manera se abre la puerta secreta hacia el éxito.

Para todos y cada uno de los seres humanos el éxito existe, pero éste parece encontrarse detrás de una puerta o muralla. Estudiando la Biblia, encontramos la maravillosa historia de la caída de los muros de Jericó.

Cada uno de los relatos bíblicos tiene una interpretación metafísica.

En este momento hablaremos sobre el muro que lo aparta del éxito: *su* muro de Jericó. Casi todos hemos erigido una muralla alrededor nuestro, un nuevo muro de Jericó.

Esta ciudad inaccesible, guarda enormes riquezas; ¡el deseo de su corazón!, el éxito que, por mandato divino, le pertenece.

¿Qué clase de muro ha erigido alrededor de su Jericó? Normalmente se trata de un muro de rencor, pues cuando usted le guarda odio a alguien o se mortifica por alguna situación ahuyenta su bienestar.

Usted mantiene su propio éxito alejado si se cree que es un fiasco y siente antipatía por alguien que sí tiene éxito.

Para neutralizar la envidia y el resentimiento suelo dar el siguiente decreto:

Lo que Dios ha hecho por otras personas, Él lo hace por mí ahora e incluso más.

Conocí a una mujer que estaba llena de envidia porque una amiga había recibido un obsequio, ella dijo esta afirmación, y recibió el equivalente justo del obsequio, más otro extra.

Los muros de Jericó se vinieron abajo en el preciso momento que los hijos de Israel gritaron. Su muro de Jericó se viene abajo cuando pronuncia una afirmación de Verdad.

La siguiente afirmación se la di a una mujer: *Las murallas de la escasez y la tardanza se derrumbarán, y yo entraré a mi Tierra Prometida, por la Gracia.* Ella creó la vívida imagen de encontrarse sobre un muro caído y, casi de inmediato, obtuvo la manifestación de su bienestar.

Lo que provoca que nuestros asuntos cambien es la palabra de realización; esto se debe a que las palabras y los pensamientos son una especie de radiactividad.

Cuando tiene mucho interés en su trabajo, disfruta lo que está haciendo, abre la Puerta Secreta Hacia el Éxito.

Algunos años atrás viajé a California para dar varias conferencias en varios centros, y conocí a un hombre llamado Jim Tully, durante el recorrido del Canal de Panamá.

Había sido un vago durante muchos años. Se autonombraba el Rey de los Vagos.

Era ambicioso y logró conseguir una educación.

Tenía una vigorosa imaginación y empezó a escribir relatos sobre sus vivencias.

Contó cómo era la vida de los vagos y se volvió un autor de mucho éxito, pues se deleitaba con lo que estaba haciendo. Recuerdo que uno de sus libros se llamaba *Viendo hacia adentro desde afuera*. Poco después, se filmó una película de dicho libro.

Ahora tiene fama, es próspero y vive en Hollywood. ¿Qué fue lo que abrió la puerta secreta del éxito para Jim Tully?

Cuando contó su vida —sentir interés en lo que hacía—, él sacó la mayor ventaja de haber sido un vago. Durante el viaje tuvimos la oportunidad de sentarnos con varias personas en la mesa del capitán, lo cual nos proporcionó la ocasión perfecta para conversar.

La señora Grace Stone, que también era pasajera del barco, era la autora de *El amargo té del General Yen*, e iba a Hollywood porque iban a hacer una película basada en su libro; ella había vivido en China y de esa experiencia se inspiró para escribir el libro.

El secreto del éxito es ese, *hacer que lo que uno está haciendo resulte interesante para los demás*. Otros verán que usted es interesante si tiene interés en usted mismo.

Una actitud positiva, una sonrisa, habitualmente abren la puerta secreta; hay un antiguo adagio chino que dice: "Una persona sin un rostro alegre, no debería abrir un negocio".

Hubo una película francesa, en la cual Chevalier llevaba el papel principal, que trataba sobre el poder de una sonrisa; la película se llamaba *Con una sonrisa*. Uno de los personajes se transformó en un hombre pobre, resentido, melancólico y casi se abandonó totalmente; él le dijo a Chevalier: "¿Qué beneficio me ha traído ser honesto?" Chevalier le contestó: "Si no sonríes, ni siquiera la honestidad te ayudará", en ese preciso momento el hombre cambió, se animó y se volvió exitoso.

Si vivimos todo el tiempo en el pasado, lamentando las desgracias que nos han ocurrido, se crea un grueso muro rodeando nuestro Jericó.

Comentar excesivamente con los demás sus asuntos, disipa la energía e irremediablemente lo lleva hacia una alta muralla.

Tuve la oportunidad de conocer a un hombre muy inteligente y hábil, pero que era un total fracaso. Él vivía con su madre y su tía, me dijo que todos los días al llegar a su casa para cenar, solía contarles todo lo que le había sucedido durante el día en su trabajo; hablaban sobre sus anhelos, temores y desilusiones.

Yo le dije: "Cuando hablas sobre tus asuntos estás provocando que tus energías se diseminen. No comentes con tu familia tus negocios. ¡El silencio vale oro!".

Hizo caso de mi recomendación. Al siguiente día, mientras cenaban, se negó a hablar sobre sus asuntos; su madre y su tía se entristecieron, pues les hubiera encantado saber cómo iban sus cosas; sin embargo él comprobó que su silencio valía oro.

Tiempo después, le ofrecieron un nuevo cargo, ganaba cien dólares a la semana y, ya pasados unos años, consiguió un salario de trescientos dólares a la semana.

El éxito no es un secreto, es un Método.

Muchas personas chocan contra el muro del abatimiento. El valor y la constancia forman parte del método. Esto es algo que podemos comprobar si leemos las biografías de todos los hombres y mujeres que han tenido éxito.

Puedo contarles sobre una experiencia muy divertida que me viene a la memoria. En cierta ocasión quedé de verme con una amiga en el teatro. Mientras la esperaba, me coloqué al lado de un joven que vendía programas.

Conforme la gente pasaba, él les decía: "Adquiera un programa completo de la película, contiene fotografías de los actores y una pequeña biografía".

La mayor parte de las personas pasaba de largo sin comprarle. Súbitamente, para mi asombro, volteó hacia mí y me dijo: "¡Este no es un trabajo para un joven con ambiciones!".

Y comenzó a darme un discurso acerca del éxito. Me dijo: "La mayor parte de las personas se dan por vencidas precisamente antes de que les pase algo importante. Una persona de éxito jamás se da por vencida".

Evidentemente me interesó mucho lo que estaba diciendo y le respondí: "La siguiente vez que venga te traeré un libro. Se llama *El juego de la vida y cómo jugarlo*. Estarás de acuerdo con muchas de las ideas que ahí se plantean".

Después de una o dos semanas, regresé con el libro.

La jovencita que vendía los boletos le dijo: "Ernie, permíteme leerlo mientras vendes los programas". El hombre que acababa de pagar los boletos se volteó para saber de qué se trataba el libro. *El juego de la vida* siempre llama la atención de la gente.

Aproximadamente tres semanas después volví al teatro, Ernie ya no estaba. Había conseguido un trabajo nuevo que le encantaba. Se había negado a sentir pesadumbre: su muro de Jericó se había venido abajo.

En toda la Biblia, la palabra éxito sólo se menciona en dos ocasiones: las dos en el Libro de Josué.

"Sé valiente y ten ánimo, porque tú entregarás a este pueblo la tierra que prometí dar a sus padres. Por eso, ten valor y cumple fielmente toda la Ley que te dio mi servidor Moisés. No te alejes de ella de ninguna manera y tendrás éxito donde sea que vayas".

La vía hacia el éxito es un camino recto y estrecho; es un camino de absorción amorosa, de total esmero. "Usted atrae aquello sobre lo que piensa mucho".

Si usted piensa mucho en la escasez, atraerá escasez; si piensa mucho en la injusticia, atraerá más injusticia.

Josué afirmó: "Y ocurrirá que cuando suenen las trompetas, todo el pueblo irá al ataque, dando su grito de guerra. En ese momento los muros de la ciudad se derrumbarán y cada uno entrará por lo más directo".

En esta historia hay un significado oculto, se trata del poder de la palabra, su palabra, la cual destruye obstáculos y quita barreras.

Al gritar la gente, los muros se derrumbaron.

En los cuentos tradicionales y folklóricos encontramos la misma idea, pues estos vienen de leyendas fundadas en la Verdad; por ejemplo una sola palabra abre una puerta o mueve una roca.

En el cuento "Alí Babá y los Cuarenta Ladrones" —que yo vi en una película— de *Las mil y una noches*, también lo encontramos.

Alí Babá tenía una guarida secreta que estaba escondida en algún sitio detrás de las rocas y las montañas, la entrada sólo se abría cuando se pronunciaban unas palabras secretas. Éstas eran: "¡Ábrete, Sésamo!"

Alí Babá de frente a la montaña decía: "¡Ábrete, Sésamo!", y las rocas se hacían a un lado.

Este es un maravilloso ejemplo, ya que nos hace entender de qué manera *sus* propias rocas y barreras se harán a un lado pronunciando la palabra adecuada.

Así que pronunciemos el siguiente decreto: *Las murallas de la carencia y la tardanza se derrumban ahora, y yo entro en mi Tierra Prometida, por la Gracia.*

LADRILLOS SIN PAJA

←

Ahora vayan a trabajar.
Y no sólo no les darán más paja,
sino que deberán entregar
la misma cantidad de ladrillos.
Éxodo 5,18

Si leemos el capítulo 5° del Éxodo con una interpretación metafísica descubrimos una imagen de la vida cotidiana.

Vemos que los Hijos de Israel estaban esclavizados por el Faraón, gobernador de Egipto, un desalmado opresor. Eran mantenidos en esclavitud, fabricando ladrillos y eran repudiados y odiados.

El Señor le dio a Moisés la misión de liberar a su gente de la esclavitud; así Moisés y Aarón se presentaron ante el Faraón y le dijeron: "Dios, el Señor de Israel, nos ha dicho: libera a mi gente, para que pueda tener un banquete en mi honor en el desierto".

El Faraón no sólo se negó a dejarlos ir, sino que les dijo que haría sus labores más arduas: fabricarían más ladrillos sin que se les proporcionara paja.

Y los capataces con sus oficiales se acercaron y le hablaron a la gente diciéndoles: "el Faraón ha dicho que no les dará paja".

"Vayan y consigan su paja donde la puedan hallar pero su trabajo no debe reducirse."

Sin paja resultaba imposible fabricar ladrillos. Los Hijos de Israel estaban totalmente oprimidos por el Faraón, eran castigados porque no producían los ladrillos. Entonces Jehová envió un mensaje.

"Ahora vayan y trabajen: ya que no se les dará paja, pero ustedes tendrán que entregar la cantidad fijada de ladrillos."

Trabajando con la Ley Espiritual ellos fueron capaces de hacer los ladrillos sin paja, lo que quiere decir conseguir lo que parecía imposible.

Continuamente en la vida, las personas afrontan esta situación.

En su libro *Sugerencias para los estudiantes de la Biblia*, Agnes M. Lawson dice:

La estancia en Egipto bajo la dominación extranjera simboliza la vida de los seres humanos bajo la opresión de los severos capataces del pensamiento destructivo: el orgullo, el miedo, el rencor, etcétera. La liberación conseguida gracias a Moisés es la libertad que los seres humanos consiguen de los capataces, cuando conocen la Ley de la Vida, ya que jamás podremos estar bajo la gracia, a menos que primero conozcamos la Ley. La Ley tiene que darse a conocer para todo el mundo para que se pueda efectuar.

En el verso final del Salmo 111 se lee: "El principio

del saber es el temor a Dios; son muy sabios todos los que lo practican. Su alabanza permanece por siempre".

Si leemos la palabra Señor (Ley) tendremos la clave de la frase.

El miedo a la Ley (ley *kármica*) es el comienzo de la sabiduría (no el miedo a Dios).

Empezamos a temer nuestros propios bumerán en el momento en que tomamos conciencia de que todo lo que enviamos retornará a nosotros.

En cierta revista de medicina leí los siguientes hechos acerca del bumerán que regresó a este gran Faraón.

Parece ser que este cuerpo sin duda es heredero de una larga línea de enfermos, de acuerdo con lo expuesto por el señor Monyahan en una ponencia en Leeds, el llamado Faraón de la Opresión padeció, literalmente, de un endurecimiento del corazón; el señor Monyahan mostró varias transparencias importantes sobre los resultados de operaciones quirúrgicas llevadas a cabo mil años antes de Cristo, y entre éstas se encontraba una transparencia de los restos mortales del Faraón de la Opresión que se conservan en la actualidad.

La vena más grande que sale del corazón se encontraba en un excelente estado de conservación, lo cual permitió que se extrajeran pequeños fragmentos y se pudieran comparar con los de la transparencia. Resultó imposible diferenciar entre la antigua vena y la actual. Los dos corazones habían sido atacados por una enfermedad conocida como Atheroma, en la cual el calcio que se encuentra en la sangre comienza a depositarse en las paredes de la vena, provocando que ésta se vuelva rígida e inflexible.

La dispersión errónea de la corriente sanguínea del corazón ocasionó que la vena se rompiera; junto con esta enfermedad se presentaron diversos trastornos mentales, mismos que sobrevienen por un sistema circulatorio endurecido: *limitación y miedo a emprender nuevos asuntos; restricción en la perspectiva, en otras palabras un endurecimiento del corazón*".

Por esa razón podemos decir que la dureza del corazón del Faraón endureció su propio corazón.

Ya sea actualmente o hace miles de años esto es verdad, todos queremos salir de la Tierra de Egipto y de la Casa de la Esclavitud.

Lo que lo mantiene en la esclavitud son sus dudas y miedos; así usted enfrenta una situación que aparentemente no tiene remedio; ¿Qué puede hacer? Esta es una situación como la que enfrentaron los Hijos de Israel: hacer ladrillos sin paja.

Por eso usted no debe olvidar las palabras del Señor: "Ahora vayan y trabajen: ya que no se les dará paja, pero tendrán que entregar la cantidad fijada de ladrillos".

Tendrán que hacer ladrillos sin paja. ¡Dios abre un camino donde no lo hay!

Conocí la historia de una mujer que necesitaba conseguir dinero para pagar la renta: era preciso conseguirlo inmediatamente, pero la mujer no tenía ni idea de dónde hallarlo, pues había agotado todas sus opciones.

Ella era una estudiante de la Verdad y pese a todo seguía pronunciando sus afirmaciones. En cierto momento su perro empezó a ladrar pues quería salir, ella le puso la correa y comenzaron a caminar por la calle tomando el rumbo que acostumbraban. Sin embargo su perro tiraba de la correa: quería ir en otra dirección.

Ella lo siguió y precisamente a la mitad de una cuadra, enfrente de un parque, volteó hacia el suelo y encontró un fajo de billetes, lo recogió y descubrió que era la suma exacta para pagar la renta.

Aunque buscó anuncios que reclamaran el dinero nunca localizó al dueño, y cerca de donde lo había encontrado no había casas.

La mente, el razonamiento, retoma el ejemplo del Faraón en su consciente. Continuamente le dice: "No se puede hacer. ¿Qué caso tiene?"

¡Tenemos que callar estos consejos negativos con una afirmación valiosa!

Tomemos, por ejemplo, esta afirmación: *Lo insospechado ocurre, mi bienestar que parecía imposible se presenta ahora.* Esto para en seco todos los argumentos del ejército enemigo: el razonamiento.

"¡Lo insospechado ocurre!" Esta es una imagen con la que no puede luchar.

"Tú me has vuelto más sabio que mis enemigos." ¡Sus pensamientos negativos, dudas, miedos y prejuicios!

Piense en la gran felicidad de estar, verdaderamente, libre por siempre del Faraón de la Opresión. Para ser libres hay que mantener la idea de *confianza, salud, bienestar y abundancia* firme en el subconsciente. ¡Esto es la base para una vida libre de cualquier limitación!

Este es, en realidad, el Reino al que se refería Jesucristo, donde todo lo que se necesita nos es dado automáticamente. En verdad dado a nosotros automáticamente, ya que toda vida es vibración; y en el momento que nosotros vibramos hacia el éxito, el bienestar y la abundancia, así como las cosas que representan estos estados de conciencia, se volverán parte de nosotros.

Si usted se siente rico y exitoso, súbitamente recibirá un cheque o un maravilloso obsequio.

Ahora les contaré una anécdota que ejemplifica de qué manera trabaja esta ley. En cierta ocasión me invitaron a una fiesta, ahí se organizó un juego y quien ganaba, recibía un premio. El premio era un maravilloso abanico.

Entre los asistentes se encontraba una mujer adinerada que tenía todo. Se llamaba Clara. Las mujeres que eran más pobres y rencorosas se juntaron y cuchichearon: "Ojalá que Clara no gane el abanico". Evidentemente Clara ganó el abanico.

La actitud de Clara era desenfadada y vibraba con la abundancia. *El odio y la envidia provocan un corto circuito con su bienestar* y mantienen alejados sus abanicos.

Si usted tiene sentimientos de rencor y envidia, pronuncie el siguiente decreto: *¡Ahora Dios hace por mí lo que ha hecho por otros e incluso más!*

Y en ese momento los abanicos y otras cosas se manifestarán frente a usted.

Sólo uno mismo es capaz de darse algo, y nadie nos puede quitar nada, excepto nosotros mismos: el "juego de la vida" es un juego de solitario; cuando usted cambie, todo su entorno cambiará.

Ahora regresemos al Faraón, el opresor; nadie en este mundo ama a un opresor.

Hace muchos años yo tenía una amiga, se llamaba Lettie; recuerdo que su padre era muy adinerado y jamás dejó de dar comida y vestido tanto a ella como a su madre, sin embargo nunca les dio ningún lujo.

Fuimos compañeras en la Escuela de Arte. Todos los estudiantes solíamos comprar reproducciones de cuadros famosos o algún objeto que nos rodeara de arte.

El padre de Lettie llamaba a estos objetos "chucherías". Él siempre le decía: "No traigas ninguna chuchería a casa".

Y ese era el motivo por el cual ella llevaba una vida triste sin un sólo objeto bello en su casa.

"El día que yo muera, ustedes quedarán en una buena posición financiera". Solía decirles a mi amiga y a su madre.

En cierta ocasión un compañero le preguntó a Lettie: "¿Cuándo viajarás a Europa?" (todos los estudiantes de arte viajaban a Europa).

Ella le contestó alegremente: "Iré cuando se muera mi papá".

Todas las personas esperan liberarse de la carencia y la opresión para siempre.

Liberémonos ahora de los *opresores del pensamiento negativo*: hemos sido prisioneros de las dudas, miedos y la desconfianza. Liberémonos, como Moisés liberó a los Hijos de Israel; y vayámonos de la Tierra de Egipto y de la Casa de la Esclavitud.

Localice el pensamiento que lo esclavice más; encuentre el *Tronco Principal*.

Cuando llega la primavera, los troncos son enviados por los ríos de los campos madereros a los astilleros en cantidades enormes.

Suele suceder que algunos troncos quedan atravesados en el cauce del río ocasionando que los que vienen atrás se atranquen; entonces los leñadores buscan el tronco que está causando esto (se conoce como Tronco Principal) para enderezarlo, y así los troncos vuelven a ser arrastrados por la corriente.

Quizá su Tronco Principal es el rencor, pues éste aleja su bienestar.

Entre más odio guarde, más rencor atraerá; si sigue así usted formará un rastro de resentimiento en su mente y siempre tendrá una expresión de antipatía.

Todo el mundo lo evadirá y perderá todos los días las maravillosas oportunidades que le esperan.

Hace ya muchos años, las calles estaban llenas de hombres que vendían manzanas.

Se levantaban al amanecer para ganar una buena esquina.

Durante ese tiempo pasé en varias ocasiones por la Avenida Park, justo ahí se encontraba uno de estos hombres vendiendo manzanas, sin embargo tenía la expresión más desagradable que jamás había visto.

Cuando pasaban personas, él gritaba: "¡Manzanas! ¡Manzanas!", pero nunca le compraban.

Un día le compré una manzana y le dije: "Jamás venderá sus manzanas si no cambia su expresión".

Entonces él me dijo: "Lo que sucede es que aquel hombre se apoderó de mi esquina".

Yo le contesté: "No tiene importancia en qué esquina se encuentre, usted puede vender manzanas si tiene un semblante agradable".

Él dijo: "De acuerdo, señora", y se fue. A la mañana siguiente lo vi, todo su rostro había cambiado; estaba haciendo un buen negocio, vendía las manzanas con una sonrisa.

Por eso usted tiene que encontrar su Tronco Principal (quizá tenga más de uno); de esa manera sus troncos del *éxito, bienestar y prosperidad se precipitarán por su río.*

Así que vayan y trabajen, si bien no se les dará paja, tendrán que hacer ladrillos sin paja.

"Y CINCO DE ELLAS ERAN CAUTAS"

◆

Y cinco de ellas eran cautas
y cinco eran negligentes.
Las negligentes tomaron sus
lámparas como estaban
y no se abastecieron
de más aceite.
Mateo 25: 2, 3

Ahora voy a hablar del relato de Las Vírgenes Cautas y las Vírgenes Negligentes. "Y cinco de ellas eran cautas y cinco eran negligentes. Las negligentes tomaron sus lámparas como estaban y no se abastecieron de más aceite. Las cautas, por el contrario, junto con las lámparas llevaron sus redomas de aceite." El relato nos enseña que la oración verdadera implica preparación.

Jesucristo dijo: "Y todo cuanto pidáis con *fe* en la oración, lo recibiréis" (Mateo 21:22). "Por eso os digo: todo cuanto pidáis en la oración, creed que ya lo habéis recibido y lo obtendréis" (Marcos 11:24). En este relato Él nos enseña que sólo el que se ha preparado para recibir su bienestar (manifestando así una fe activa) provocará que su manifestación se presente.

Parafraseando las escrituras podemos decir que: "Cuando reces cree que ya lo tienes. Cuando reces COMPÓRTATE como si ya lo tuvieras".

Una fe sin hechos jamás moverá montañas. En el silencio o la meditación, usted se llena de la magia de esta Verdad y siente que su fe jamás flaqueará. Usted sabe que el Señor es su Pastor, que nada le faltará.

Usted siente que Dios, que es la Opulencia, eliminará todo el peso de la deuda o la restricción. Así se levantará de su sillón y saltará a la arena de la Vida. Lo que hace en la arena es lo único que cuenta.

Ahora daré un ejemplo de cómo trabaja la Ley; ya que la fe sin acciones es fe extinta.

Tuve un alumno que tenía enormes deseos de ir a Europa. Él hizo la siguiente afirmación: *Doy gracias por mi viaje concedido y financiado por mi designio divino, por la gracia, de una manera perfecta.* Mi alumno casi no tenía dinero, pero conocía muy bien la Ley de Preparación, y compró un baúl. Era un baúl con una enorme banda roja a su alrededor que trasmitía mucha alegría. Siempre que lo veía le daba la impresión de estar en camino. Cierto día mi alumno tuvo la impresión de que su cuarto se movía: era como el movimiento de un barco. Se acercó a la ventana para respirar el aire fresco, y éste tenía el aroma de los muelles. Logró escuchar con su oído interno el chillido de una gaviota y el sonido de los motores de un barco. El baúl había empezado a trabajar. Lo había puesto en sintonía con su viaje. Poco después, llegó a sus manos una sustanciosa cantidad de dinero y pudo realizar su viaje. Después me contó que había sido perfecto en todos los detalles.

Cuando estemos en la arena de la Vida debemos estar a tono con el concierto.

¿Nos comportamos tomando como base el miedo o la fe? *Analice sus motivos cuidadosamente, ya que de éstos se originan todos los asuntos en la vida.*

Si su problema es económico, usted debe saber de qué manera sintonizarse con el plano financiero y seguir a tono por medio de su proceder con fe. La actitud racional hacia el dinero implica: confiar en su sueldo, ingresos e inversiones, los cuales pueden escasear de un momento a otro; confiar en Dios para que siempre lo aprovisione es la actitud espiritual adecuada hacia el dinero. Para conservar sus propiedades, jamás olvide que son manifestaciones de Dios. "Lo que Alá te ha dado no puede ser disminuido"; por consiguiente, si una puerta se cierra, sin lugar a dudas otra se abrirá de inmediato.

Dado que "por sus palabras será condenado", jamás hable de insuficiencia o limitación. Usted sintoniza con lo que siente, y si todo el tiempo está percibiendo fracaso y tiempos difíciles, usted sintonizará con el fracaso y los tiempos difíciles.

Tiene que formarse la costumbre de vivir en la cuarta dimensión: "El Mundo de lo Maravilloso". Es el mundo donde no se juzga por las apariencias.

Usted ha educado su ojo interno para ver a través de la enfermedad hacia la salud, para ver a través del fracaso hacia el éxito, para ver a través de la carencia hacia la opulencia. La tierra que su ojo interno ve le será dada.

Aquella persona que es exitosa tiene *fija la idea del éxito.* Se sostendrá si está basado en una roca de verdad e integridad. Si es al contrario, estará cimentado sobre la arena, las olas lo jalarán al mar y regresará a su lugar de origen: a la nada.

Las ideas divinas son las únicas que pueden perdurar. El mal se autodestruye, ya que es una corriente cruzada contraria al orden universal, jamás olvide que el sendero del violador de la Ley es cruel.

"Y cinco de ellas eran cautas y cinco eran negligentes. Las negligentes tomaron sus lámparas como estaban y no se abastecieron de más aceite. Las cautas, por el contrario, junto con las lámparas llevaron sus redomas de aceite".

La lámpara representa la conciencia del hombre. El aceite es lo que trae la Luz o el entendimiento.

"Como el novio tardara, se adormilaron todas y se durmieron. Mas a media noche se oyó un grito: '¡Ya está aquí el novio! ¡Salid a su encuentro!' Entonces todas aquellas vírgenes se levantaron y arreglaron sus lámparas. Y las negligentes dijeron a las cautas: 'Dadnos de vuestro aceite, que nuestras lámparas se apagan'."

Las vírgenes negligentes carecían de sabiduría o entendimiento, que es el aceite para la conciencia, y en el momento en que se enfrentaron a una situación seria, no supieron cómo manejarla.

Y cuando les dijeron a las cautas: "Dadnos de vuestro aceite, que nuestras lámparas se apagan", éstas dijeron: "No, no sea que no alcance para todas; es mejor que vayáis donde los vendedores y os lo compréis".

Esto significa que las vírgenes negligentes *no podían recibir más de lo que tenían en su mente*, es decir aquello con lo que estaban sintonizando.

Mi alumno consiguió el viaje porque, como una realidad, estaba muy presente en su mente. Él estaba seguro que ya lo había recibido. Cuando se preparaba para su viaje, estaba llevando aceite para sus lámparas. *La manifestación viene con la actuación.*

La Ley de la Preparación actúa en ambos sentidos. Siempre que usted se prepara para lo que teme o no desea, comienza a atraerlo. El rey David dijo: "Lo que temo ha venido a mí". Solemos oír que la gente dice: "Tengo que guardar dinero por si se presenta alguna enfermedad". Con esa actitud están preparándose deliberadamente para enfermarse. O también: "Estoy ahorrando para un día lluvioso". Indudablemente, el día lluvioso llegará en el momento menos oportuno.

Para cada ser humano la abundancia es la idea divina. Sus graneros *tendrán que estar* repletos, y sus copas *deberán* rebosar, lo importante es aprenderlo a pedir correctamente.

Tomaremos como ejemplo este decreto: *Invoco la Ley de la Acumulación. Mi abastecimiento viene de Dios, y ahora fluye y se almacena, por la gracia.*

Este decreto o afirmación no nos crea una imagen de limitación, ahorro excesivo o enfermedad. Nos da una idea tetradimensional de abundancia, despejando los caminos hacia la Inteligencia Infinita.

Todos los días usted tiene que tomar una decisión, ¿será prudente o necio? ¿Se preparará para recibir su bienestar? ¿Dará el gran paso para *cobijarse en su fe*? ¿O se mantendrá lleno de dudas y temores y no llevará aceite para sus lámparas?

"Mientras iban a comprarlo, llegó el novio, y las que estaban preparadas entraron con él al banquete de boda, y se cerró la puerta. Más tarde llegaron las otras vírgenes diciendo: '¡Señor, señor, ábrenos!' Pero él respondió: 'En verdad os digo que no os conozco'."

Seguramente usted cree que las vírgenes negligentes pagaron un alto precio por no haber llevado aceite para sus lámparas, pero estamos tratando con la Ley del *Karma* (o la Ley del Regreso). Muchos conocen esta Ley como "el día del juicio", y la asocian con el fin del mundo.

Dicen: tu día del juicio se aproxima, en sietes; es decir: en siete horas, siete días, siete semanas, siete meses o siete años. Incluso puede presentarse en siete minutos. Entonces usted pagará alguna deuda *kármica*; el precio por haber violado la Ley espiritual.

Al no confiar en Dios, usted falló: no llevó aceite para sus lámparas.

Tendrá que examinar su conciencia todos los días, y descubrir para qué se está preparando. Puede descubrir que usted tiene miedo a la escasez y que por eso se aferra a cada centavo, sin embargo con esa actitud atrae más escasez. Use lo que tiene con sabiduría y esto abrirá la puerta para que reciba más.

En mi libro, *La palabra es tu varita mágica*, hablo sobre la Bolsa Mágica. En *Las mil y una noches*, se cuenta la historia de un hombre que tenía una Bolsa Mágica. Conforme salía el dinero, volvía a aparecer de inmediato.

Así que formulé el siguiente decreto: *Mi abastecimiento viene de Dios, tengo la bolsa mágica del espíritu. Jamás se vaciará. Así como sale el dinero, inmediatamente regresa. Por la gracia y de manera perfecta está repleta de abundancia todo el tiempo.*

Estas palabras atraen una vívida imagen a la mente: Usted está obteniendo del banco de la imaginación.

Conocí a una mujer que no tenía mucho dinero y sentía un gran temor de pagar sus deudas, porque su cuenta bancaria se reduciría. La siguiente afirmación la llenó de mucha seguridad: "Poseo la bolsa mágica del espíritu. Jamás se vaciará. De la misma manera que sale el dinero, vuelve inmediatamente". Saldó sus cuentas sin ningún temor y le llegaron varios cheques que no esperaba.

"Vigílate y ora para que no caigas en la tentación de prepararte para algo destructivo en lugar de esperar algo constructivo."

En cierta ocasión una mujer me dijo que ella siempre tenía un velo de crepé a la mano, en caso de que hubiera un funeral. Yo le dije: "Eres una amenaza para tus familiares, estás esperando y apresurando su muerte, para que puedas usar tu velo". De inmediato ella lo destruyó.

Hubo otra mujer que, a pesar de no tener dinero, decidió mandar a sus dos hijas a la universidad. Su esposo se rió de la decisión y dijo: "¿Y quién crees que pagará por su educación? Yo no tengo dinero para eso". Ella le contestó: *Sé que algún bien inesperado nos llegará.* De esa forma ella siguió alistando a sus hijas para la universidad. Su esposo se sonreía, e incluso le dijo a sus amigos que su esposa iba a enviar a sus hijas a la universidad con "un bien inesperado". Inesperadamente un familiar muy rico le envió una fuerte cantidad de dinero. Como ella había mostrado una fe activa, "un bien inesperado" se manifestó. Después le pregunté qué le había dicho a su marido cuando el cheque llegó. Ella contestó: "Oh, en realidad jamás le dije a mi marido que yo tenía razón".

Por eso alístese para su "bien inesperado". Permita que cada uno de sus pensamientos y actos demuestren su inquebrantable fe. Todos y cada uno de los acontecimientos en su vida es una idea materializada. Algo que usted ha proyectado, ya sea por medio del temor o de la fe. *Algo para lo que usted se ha preparado.*

Así que seamos sabios y llevemos aceite para nuestras lámparas y, cuando menos lo pensemos, recogeremos los frutos de nuestra fe.

Ahora mis lámparas están repletas con el aceite de la fe y de la realización.

¿QUÉ ES LO QUE USTED ESPERA?

—————————— ✦ ——————————

> *Hágase en vosotros*
> *según vuestra fe.*
> Mateo 9:29

"Según tu fe, te será dado", la fe es esperanza.

Es decir: "de acuerdo con tus expectativas, se te concederá"; por consiguiente, ¿qué es lo que usted espera?

Cuando escuchamos que la gente dice: "Todavía no llega lo peor" o "Espero que suceda lo peor", vemos que estas personas están atrayendo voluntariamente cosas malas.

Por el contrario, cuando escuchamos que alguien dice: "Espero un cambio para mejorar", vemos que está atrayendo mejores condiciones para su vida.

Cuando cambie lo que espera, sus expectativas, su entorno cambiará.

¿De qué manera puede cambiar sus expectativas cuando a lo largo de su vida se ha formado la costumbre de esperar fracaso, pérdida o escasez?

Empiece a comportarse como si *esperara* el éxito, la prosperidad y la abundancia; *prepárese para su bienestar.*

Para demostrar que usted espera que lo bueno llegue, haga algo. Solamente la fe activa grabará esa idea en su subconsciente.

Si usted ha pronunciado una afirmación para una casa, dispóngase inmediatamente para recibirla, como si no tuviera tiempo que perder. Consiga manteles, pequeños adornos para decorar, etcétera.

Una mujer que conocí tuvo una drástica transformación hacia la fe, cuando compró un formidable sillón; ese sillón representaba su total seguridad, que estaba lista; el sillón era grande y cómodo, pues ella se estaba preparando para el hombre correcto. Y él llegó.

Muchos podrán decir: "Digamos que no tiene dinero para comprar adornos o el sillón, así jamás se podrá manifestar". Si ese es el caso vaya a las tiendas y forme en su pensamiento un vínculo con esos objetos.

Póngase a tono con su vibración. En algunas ocasiones la gente suele decir: "Jamás voy a las tiendas porque no tengo dinero para comprar nada". Ese es, precisamente, el motivo por el cual hay que ir a las tiendas. Empiece a hacerse amigo de las cosas que usted quiere o necesita.

Hubo una mujer que anhelaba un anillo. Con cierta frecuencia ella iba al departamento de joyería a probarse anillos.

Esta acción le dio la idea de pertenencia y, algún tiempo después, un amigo suyo le obsequió un anillo. "Usted armoniza con aquello que usted siente."

Siga sintiendo y pensando en cosas hermosas y tendrá un contacto invisible. Siempre que usted no diga: "Hay de mí, esto es demasiado bueno para ser cierto", estas cosas son atraídas a su vida tarde o temprano.

En el Salmo 62:5 encontramos una afirmación muy

importante: "En Dios sólo descansa, oh alma mía, de Él viene mi esperanza".

El alma es la mente subconsciente y el que escribió este salmo estaba diciéndole a su subconsciente que esperara todo directamente del universal; que no dependiera de puertas ni canales: "De Él viene mi esperanza".

No hay manera en que Dios nos pueda fallar, ya que "Sus recursos son sutiles, sus métodos son seguros".

Por difícil o imposible que parezca, usted puede esperar cualquier bien de Dios; siempre y cuando usted no limite las vías.

Nunca diga de qué forma quiere que se haga, o cómo no se puede hacer.

"Dios es el dador y regalo y *crea sus propias y maravillosas vías*".

Repita el siguiente decreto: *No puedo ser apartado de Dios el Dador; por consiguiente, no puedo ser apartado de Dios el Regalo. El regalo es Dios en acción.*

Entienda completamente que cada bendición es el *Bien en acción*, y vea a Dios en cada rostro y el bien en cada circunstancia: esta acción lo transforma en el dueño de todas las situaciones.

En una ocasión una mujer me dijo que los radiadores de su apartamento no producían calor y que su madre padecía mucho a causa del frío. Y añadió que: "El casero dijo que no tendríamos calefacción hasta dentro de un mes". Yo le repliqué: "Su casero es Dios". Ella dijo: "Lo que me acaba de decir es lo único que necesitaba saber", y salió rápidamente. Esa misma noche encendieron la calefacción sin antes haber preguntado, y funcionó. Esto ocurrió porque ella entendió que su casero era Dios en acción.

Esta es una maravillosa época, pues las personas están alcanzando una Mente de Milagros; se siente en el aire.

Voy a citar un artículo que encontré en el periódico de Nueva York, escrito por John Anderson, que confirma lo que acabo de decir.

El artículo se titula: "Las personas que asisten al teatro hacen que las obras de metafísica se transformen en éxitos".

Un empresario insolente, a quien llamaremos Brock Pemberton, afirmó, con un ligero tono de sarcasmo en su voz: "Si ustedes, queridos amigos —se refería a los críticos—, saben tanto sobre lo que el público de Nueva York desea, ¿por qué no me dicen qué obra montar? ¿Por qué en vez de hacer que mi negocio quiebre no hacen que aumente? ¿Por qué no me dicen qué clase de obra quiere ver el público?". Entonces yo le dije: "Con gusto se lo diría, pero estoy segura que usted no me haría caso".

"Me quiere tomar el pelo —contestó—. Usted no tiene idea, sólo está intentando salvarse, pretendiendo que sabe más de lo que dice. No tiene ni la más mínima idea, igual que yo, de qué tipo de obra será un éxito".

"Claro que la tengo —le dije— existe un tipo de obra que sería un éxito; son aquellas que tratan sobre un tema que funciona y siempre ha funcionado, que ha competido con romances, misterios, tragedias históricas, etcétera; ninguna obra que trate sobre este tema ha fracasado, siempre que tuviera alguna virtud, e incluso muchas obras con poco mérito han sido un gran éxito."

El señor Pemberton dijo: "Está presumiendo otra vez. ¿Qué tipo de obras son esas?"

"Sobre metafísica", le respondí, y aguardé a ver cómo reaccionaba. "Metafísica —dijo el Sr. Pemberton—. ¿Quiere decir Metafísica?"

Hice una pausa, pero como el señor Pemberton no decía nada, empecé a darle algunos títulos, tales como:

Los verdes prados, El vagón de la estrella, El milagro del padre Malaquías... "Algunas de estas obras —añadí— se presentaron al público a pesar de los críticos". Sin embargo el señor Pemberton se había ido, seguramente a preguntar en todos los teatros de Nueva York: "¿Hay algún metafísico en casa?".

Las personas están empezando a entender el maravilloso poder de sus palabras y pensamientos. Están comprendiendo por qué "La fe es la materia de lo que se desea, el convencimiento de las cosas que no se pueden ver".

No obstante vemos cómo la Ley de la Expectativa trabaja por medio de las supersticiones.

Si llega a suceder que usted pasa debajo de una escalera y piensa que le dará mala suerte, lo más seguro es que le dé mala suerte. La escalera en sí misma es inocente, la mala suerte se presentó porque usted la esperaba.

Podemos decir que la expectativa es la sustancia de las cosas que se esperan, o bien que la expectativa es la sustancia de las cosas a las que los seres humanos temen: "Lo que yo esperaba, me ha sucedido".

Cuando usted se vuelva hacia Dios para pedir su bienestar piense que nada es demasiado bueno para ser verdad, nada es demasiado maravilloso para no suceder, nada es demasiado bueno para que no dure.

Ahora piense en las bendiciones que parecen tan alejadas y empiece a esperarlas desde este momento, bajo la gracia, de una forma insospechada; pues Dios trabaja de forma misteriosa para difundir sus milagros.

Una vez me dijeron que en la Biblia había tres mil promesas.

Ojalá que ahora todas esas bendiciones lleguen a nosotros. Entre otras, se nos prometieron riquezas y dignidad, eterna juventud ("Su cuerpo se volverá como el de un niño") y la vida eterna: "la misma muerte será derrotada".

La cristiandad se basa en el perdón de los pecados y en un sepulcro vacío.

Cuando llamamos a la ley del perdón, nos libramos de nuestros errores y de las consecuencias de éstos. ("Si bien tus pecados son color rojo, tú quedarás blanco como la nieve".)

Así nuestros cuerpos serán bañados en Luz y expresarán el "cuerpo eléctrico", el cual nunca envejece y no se puede dañar, es sustancia pura que manifiesta perfección.

Espero lo imprevisto, mi milagroso bienestar llega ahora.

EL LARGO BRAZO DE DIOS

Dios es un refugio eterno,
y sus brazos obran
desde siempre aquí abajo.
Deuteronomio 33:27

El brazo de Dios siempre representa protección en la Biblia. Los que escribieron la Biblia conocían el poder de un símbolo. Pues éste crea una imagen que se graba en el subconsciente. Entre otros, ellos usaban los símbolos del peñasco, las ovejas, los pastores, el viñedo y la lámpara. Sería interesante saber cuántos símbolos se mencionan en la Biblia. El brazo además representa la fuerza.

"Dios es un refugio eterno y sus brazos obran desde siempre aquí abajo. Él expulsó a tus enemigos frente a ti y te dice: Acábalos."

¿Quién es realmente el enemigo "frente a ti"? Los pensamientos destructivos que ha creado en su mente subconsciente. Los verdaderos enemigos del hombre sólo son aquellos que están en su propia casa. Los brazos protectores de Dios expulsan y eliminan a estos enemigos.

¿Ha sentido alguna vez una gran sensación de alivio al momento de deshacerse de una forma de pensamiento negativo? Probablemente en alguna ocasión ha creado una especie de pensamiento lleno de odio, lo llega a alimentar hasta un punto en el cual usted siempre está hirviendo en ira. Guarda rencor hacia personas que conoce o que no conoce —ya sean del pasado o del presente—, y si sigue así puede estar seguro que en el futuro nadie estará a salvo de su resentimiento.

El rencor afecta a todos los órganos del cuerpo; esto se debe a que cuando usted guarda odios, éstos se acumulan en cada uno de los órganos de su cuerpo. Por ejemplo la tristeza se paga con reuma, artritis, neuritis, etcétera, porque los pensamientos "agrios" producen ácido en la sangre. Y todos estos problemas se crean porque usted está peleando la batalla, no permite que el "largo brazo de Dios" se encargue.

La siguiente afirmación se la he dado a muchos de mis estudiantes: *El largo brazo de Dios alcanza a las personas y a las situaciones, tomando el control de las circunstancias y resguardando mis intereses.*

Estas palabras graban la idea de un enorme brazo que simboliza la fuerza y la protección. Con la actuación del poder del largo brazo de Dios, usted ya no opondrá resistencia ni guardará rencor alguno. Usted se relajaría y se dejaría llevar. Los enemigos dentro de usted serían eliminados, de esa manera *las situaciones desfavorables se esfumarían.*

El mejoramiento espiritual implica la capacidad para mantenerse inmóvil o hacerse a un lado, y permitir a la Inteligencia Infinita pelee sus batallas y que quite el peso que usted lleva encima. En el momento que usted se quite el peso del rencor, notará una maravillosa sensación de alivio. Obtendrá un sentimiento de cariño por el prójimo y todos los órganos de su cuerpo empezarán a trabajar adecuadamente.

En una entrevista de un periódico, el doctor Albert Edward Day dijo que: "Amar a nuestros enemigos resulta excelente para nuestra salud espiritual, pero esto es algo ampliamente reconocido y aceptado. Por el contrario, es relativamente un hallazgo reciente saber que la negación y los sentimientos desfavorables arruinan la salud física. Los problemas de salud normalmente tienen su origen en algún trastorno emocional. Los sentimientos negativos que se almacenan y se alimentan son causas viables de enfermedades. Cuando el predicador dice que hay que amar a nuestros enemigos, las personas están preparadas para eliminar la idea pues les parece inaudita. Pero lo cierto es que el predicador les está hablando de un hecho que es una de las primeras leyes de cuidado, así como de ética. Ningún ser humano, por el bien de su cuerpo, debe darse el lujo de odiar. Guardar rencor es como tomar varias dosis de veneno. Cuando se le dice que elimine sus miedos, usted no está escuchando a un iluso que ha sido iluminado de pronto; usted está escuchando un consejo sumamente vital para su salud, como si fuera un consejo sobre nutrición".

En estos tiempos se habla mucho sobre llevar una dieta balanceada, pero usted será incapaz de digerir correctamente los alimentos, tengan o no calorías, si no tiene una mente balanceada.

Hay muchísimas personas que están tratando de forzar las situaciones, la no-resistencia es un arte que hay que aprender. Cuando se consigue, ¡el mundo es suyo!, pues su bienestar perpetuo jamás se conseguirá si se violenta la voluntad personal.

Apártate de aquellas cosas que se alejan de ti,
Si no buscas nada, la fortuna te buscará a ti.
¡Observa su sombra en el suelo!
¡Obsérvala de pie en la puerta!

No sé quién sea el autor de estas líneas, pero son muy ilustrativas del tema. En cierta ocasión le preguntaron a Lovelock, el premiado atleta inglés, cuál era su secreto para alcanzar esa gran velocidad y conservar su resistencia al correr. Él respondió: "Aprendan a relajarse". Mientras se corre, en acción, hay que alcanzar ese descanso. Es decir, entre más rápido corría, más relajado se sentía.

Normalmente, su gran oportunidad y gran éxito *se infiltra* en el momento menos pensado. Usted tiene que dejarse llevar, no-resistencia, lo suficiente para que la *gran Ley de la atracción trabaje. Usted jamás ha visto un imán inquieto y anhelante.* Éste simplemente se coloca derecho, sin ningún tipo de preocupación en el mundo, pues sabe que las agujas no pueden evitar girar hacia él. Las cosas que deseamos, de una forma justa, vienen a nosotros cuando hemos quitado el embrague.

En mi curso por correspondencia siempre digo: *No permitan que el deseo de su corazón se transforme en el sufrimiento de su corazón. Cuando usted desea algo con mucha avidez se desmagnetiza completamente.* Usted se impacienta, llegan los miedos y agoniza. Para estos casos hay una Ley oculta de indiferencia: "Nada de esto me afecta". *Sus barcos navegan sobre un mar que no tiene preocupaciones.*

Muchos estudiantes de la Verdad se enemistan con sus amigos, debido a que están excesivamente ansiosos por leer los libros y asistir a las conferencias. Estas personas suelen encontrar dificultades.

Por ejemplo, una amiga mía llevó a casa de su hermano mi libro *El juego de la vida y cómo jugarlo*, para que lo leyeran sus parientes. Los muchachos de la familia se negaron a leerlo. Dijeron que no querían "tonterías". Sin embargo uno de esos muchachos, que era taxista, tuvo que manejar otro vehículo una noche; cuando revisó el auto, encontró un libro. Era *El juego de la vida y cómo jugarlo*. Al día siguiente le dijo a su tía: "Anoche en el taxi encontré el libro de la señora Shinn. Lo leí y es extraordinario. Tiene muchas cosas buenas. ¿Crees que escriba otro?". Dios trabaja de forma misteriosa para llevar a cabo sus milagros.

Durante todo este tiempo he conocido a mucha gente que es infeliz, así como otras que están muy agradecidas y felices. Un hombre me dijo en cierta ocasión: "Tengo mucho que agradecerle. Gozo de buena salud, suficiente dinero y ¡sigo soltero!"

El Salmo 89 es muy interesante, pues en él vemos que dos personas tienen un diálogo: el hombre que entona el Salmo (todos los salmos son canciones o poemas), y el Dios Señor de los Ejércitos que contesta. Es una canción de agradecimiento y glorificación, alabando el largo brazo de Dios.

¡El amor del Señor cantaré por siempre!
Dios, Señor de los Ejércitos, ¿quién se compara contigo?
El poder es tuyo, tuyas las hazañas, tu brazo es fuerte,
imbatible tu derecha.

Entonces el Señor de los Ejércitos contesta:

Aquél que con mi mano se establezca, mi brazo lo fortalecerá, mi mano siempre lo acompañará.

Mi lealtad y mi ayuda lo acompañarán, y por mi gracia su poder aumentará.

"Por siempre jamás" son palabras que sólo escuchamos en la Biblia y en los cuentos. En lo absoluto, el ser humano está fuera de lo que perdura eternamente. Los cuentos provienen de las antiguas leyendas persas, que estaban basadas en la Verdad.

Un ejemplo que ilustra el poder de la Palabra es la historia de *Aladino y su lámpara maravillosa.* Aladino frotó la lámpara y todos sus deseos fueron cumplidos. La palabra es su lámpara. Tanto las palabras como los pensamientos son una clase de energía y no vuelven vacíos. Un científico afirmó que las palabras están cubiertas de luz. *Continuamente, usted está cosechando los frutos de sus palabras.*

Sucedió que una amiga había llevado a mi clase a un hombre, me comentó que él había estado sin trabajo durante más de un año. En ese momento le di el siguiente decreto: *Ahora es el momento adecuado. Hoy es el día de mi maravillosa buena fortuna.* Estas palabras se grabaron de inmediato y profundamente en su consciente. Poco después obtuvo un puesto en el que la paga era de nueve mil dólares anuales.

En una ocasión una mujer me comentó que cuando yo bendije la ofrenda, dije que cada dólar se les regresaría multiplicado por mil. Ella había colocado un dólar en la recolección. Con mucha confianza ella dijo: "Este dólar está bendecido y volverá en la forma de mil dólares". Poco tiempo después y de una forma insospechada, ella recibió mil dólares.

¿Por qué razón muchas personas reciben su manifestación de Verdad mucho más rápido que otras? Esto es porque ellos tienen oídos que escuchan. Jesucristo narró la historia de un hombre que echó la semilla y ésta calló en tierra buena. La semilla simboliza la palabra. Por eso les digo: *Escuchen la afirmación que les suene mejor; la afirmación que les dé la manifestación. Esa afirmación dará sus frutos.*

Hace algunos días, fui a la tienda de un hombre al que conozco muy bien. En esa ocasión le di a uno de sus empleados una tarjeta de afirmación. Le dije bromeando: "No malgastaría una tarjeta de afirmación con usted, pues no la usaría". Él me dijo: "Por supuesto que la usaría, déme una". La siguiente vez que fui le obsequié una tarjeta. Antes de que me fuera de la tienda, llegó corriendo a mi lado y me dijo: "Pronuncié esta afirmación y llegaron dos nuevos clientes". La afirmación en cuestión era: "Ahora es el momento adecuado; hoy es el día maravilloso de mi buena fortuna". Había funcionado con él.

Muchas personas utilizan la palabra en decretos exagerados e imprudentes. En mis visitas al salón de belleza encuentro mucho material para mis clases. Una muchacha quería leer una revista. Llamó a una empleada y le dijo: "Tráigame algo espantosamente nuevo y tremendamente excitante". Lo único que ella quería era la revista que tenía las reseñas de las más recientes películas. Se suele escuchar por ahí que la gente dice: "Cómo quisiera que algo terriblemente excitante me sucediera". Con esas palabras están atrayendo una situación desdichada, pero excitante para que entre a sus vidas. Después se preguntarán por qué les pasó a ellos.

Siempre he pensado que en todas las universidades tendría que haber departamento de metafísica. *La metafísica es la sabiduría de todos los tiempos.* Es la antigua sabiduría transmitida a lo largo de los siglos en India,

Egipto y Grecia. Hermes Trismegistus fue un gran maestro egipcio. Sus enseñanzas fueron archivadas cuidadosamente y han llegado hasta nosotros después de diez mil años. Él vivió en Egipto en los primeros tiempos, cuando la raza humana estaba en su infancia. Pero si usted lee el *Kybalión* con sumo cuidado, descubrirá que su enseñanza es idéntica a lo que nosotros enseñamos actualmente. Él afirmaba que todos los estados mentales venían acompañados por vibraciones. Usted armoniza con todo aquello con lo que vibra, por eso ahora todos tenemos que vibrar con el éxito, el bienestar y la prosperidad.

Ahora es el momento adecuado. Hoy es el día de mi maravillosa buena fortuna.

LA PIEDRA EN EL CAMINO

Elijan hoy a quién
quieren servir.
Josué 24:15

Todos los días nos enfrentamos a una situación en la que tenemos que tomar una decisión (una piedra en el camino).

"¿Qué debo hacer: esto o lo otro? ¿Debo partir o me debo quedar?" Muchas personas no saben qué decisión tomar. Sin perder tiempo permiten que otros tomen las decisiones por ellos, después se arrepienten de haber tomado su consejo.

Por el otro lado encontramos a aquellos que piensan las cosas con sumo cuidado. Ellos calculan y evalúan las situaciones como si fueran mercancías, y se sorprenden cuando sus cálculos fallan y no alcanzan su objetivo.

Pero hay otros que siguen el camino mágico de la intuición, corazonadas y presentimientos; esas personas entran en su Tierra Prometida en un parpadeo.

La habilidad espiritual que está más allá del pensamiento es la intuición, no obstante en ese camino se encuentra lo que usted requiere o anhela.

En mi libro *El juego de la vida y cómo jugarlo*, doy una gran cantidad de ejemplos de cómo utilizando esta extraordinaria habilidad se alcanza el éxito. También explico que la oración funciona como una llamada telefónica con Dios, pero cuando Dios le llama por teléfono, se llama intuición.

Empieza este día a seguir el camino mágico de la intuición, escucha tus corazonadas.

En mis clases de preguntas y respuestas les doy consejos para cultivar la intuición.

Esta habilidad ha permanecido dormida en la mayoría de las personas. Por eso les decimos: "¡Tú que has estado dormido, despierta! ¡Despierta para que escuches tus corazonadas y presentimientos! ¡Abre los ojos hacia tu divinidad interna!"

Claude Bragdon afirmó: "Vivir intuitivamente es vivir en la cuarta dimensión".

Es imprescindible que usted tome una decisión: ahora tiene enfrente una piedra en el camino. Si solicita una pista concluyente e incuestionable, la recibirá.

En el libro de Josué encontramos muchos eventos que se pueden interpretar metafísicamente. "Después de la muerte de Moisés, Dios habló a Josué, ahora llegó el momento de cruzar el río Jordán, y todo el pueblo pasará contigo a la tierra que doy a los hijos de Israel. Serán para ustedes todos los lugares donde pongan sus pies, como se lo prometí a Moisés."

Los pies simbolizan el entendimiento; por eso, metafísicamente, quiere decir que todo lo que comprendemos se sostiene sobre nosotros en la conciencia, y lo que tiene raíces jamás podrá ser apartado de nosotros.

Vemos que la Biblia dice: "Mientras estés con vida nadie se te opondrá. Estaré contigo como lo estuve con

Moisés; no te abandonaré ni te dejaré. Muestra tu valor y ten ánimo, porque tú entregarás a este pueblo la tierra que juré dar a sus padres... Por eso ten confianza y cumple puntualmente toda la Ley que dio mi servidor Moisés. No te desvíes de ella de ninguna manera y tendrás éxito dondequiera que vayas".

Si somos fuertes y muy valientes y seguimos fielmente la ley espiritual encontraremos el éxito. Así regresamos a "la piedra en el camino", que es la necesidad de tomar una elección.

"Elige este día en que me servirás", el intelecto o camino divino.

Hay un hombre que es muy conocido y se ha transformado en un hombre muy poderoso en el mundo financiero, él dijo a un amigo: "Invariablemente sigo mis presentimientos, soy la suerte en persona".

La intuición (que es el camino divino) es lo más significativo en mi vida. Muchas personas se acercan a las reuniones de la Verdad para conseguir alguna corazonada. He descubierto que las palabras adecuadas iniciarán la acción de la actividad divina en sus asuntos.

En cierta ocasión se acercó a mí una mujer que tenía un problema muy difícil. Yo le dije: "Permita que Dios tome las riendas de la situación". Estas palabras la impresionaron y pronunció lo siguiente: "Ahora permito que Dios maneje esta situación". Casi de inmediato pudo rentar una casa que había estado desocupada durante mucho tiempo.

Si usted intenta manejar una situación, invariablemente dejará caer todas las pelotas, por eso permita que Dios maneje todos sus asuntos.

Durante mis clases de preguntas y respuestas, me suelen preguntar: "¿Qué quiere decir cuando dice que uno no debe manejar una situación y cómo dejaría que Dios la maneje?"

Usted utiliza la razón. La razón le diría: "No hay actividad en los bienes raíces, pues son tiempos difíciles. No esperes nada hasta el otoño del año siguiente".

Cuando se trabaja con la Ley espiritual sólo existe el *ahora*. Se le responderá incluso antes de que usted llame, ya que el "tiempo y el espacio sólo son una ilusión", y *su bendición se encuentra ahí, aguardando que usted la libere por medio la palabra y de la fe.*

"Elige este día en el que me servirás, temor o miedo".

En los mismos actos provocados por el miedo se encuentra la raíz de su fracaso.

Confiar plenamente en Dios requiere de mucho valor y empeño. Normalmente confiamos en Él para cosas insignificantes, pero cuando nos enfrentamos a una situación delicada, tenemos la tendencia a intentar solucionarla nosotros mismos; y es así como llega el fracaso y la ruina.

A continuación presento un fragmento de una carta que recibí de una mujer del oeste de los Estados Unidos, y que ejemplifica cómo el entorno cambia de un momento a otro.

Tuve el maravilloso gusto de leer su libro *El juego de la vida y cómo jugarlo*. Tengo cuatro hijos, de diez, trece, quince y diecisiete años respectivamente; creí muy conveniente que ellos lo entendieran ahora que aún son jóvenes, ya que así podrían conseguir las cosas que les corresponden por Derecho Divino.

La mujer que me prestó su libro para leerlo, me había ofrecido otras lecturas, pero cuando elegí este libro parecía que tenía magnetismo y no pude dejar de leerlo. Cuando lo terminé, me di cuenta que estaba tratando de vivir Divinamente, pero no comprendía la Ley; si la hubiera comprendido, hubiera tenido más avances.

Cuando comencé mi negocio tenía la idea de que resultaría muy complicado ganar un lugar en ese mundo, pues durante muchos años sólo me había dedicado a ser madre. Pero ahora tengo este decreto: *Dios crea un camino donde no los hay*. Y Él lo abrió para mí.

Doy las gracias por mi local y simplemente sonrío cuando las personas me preguntan: ¿Cómo lo conseguiste, educar a cuatro hijos, sostener tu casa, después de que te hicieron cirugías tan delicadas y haber estado hospitalizada y sin ningún familiar que te apoyara?

Ese decreto, *Dios crea un camino donde no los hay*, se encuentra en mi libro.

Cuando todos sus amigos decían que no lo podría conseguir, Dios creó un camino para ella en los negocios.

Una persona promedio le aconsejaría que no se puede hacer casi nada.

El otro día me sucedió algo que ejemplifica esto. Visitaba una tienda y hallé una hermosa cafetera de plata. Se la enseñé con entusiasmo a algunas amigas, pues para mí era muy bonita, pero una de ellas dijo: "Jamás funcionará". Otra dijo: "Si fuera mía, me desharía de ella". No obstante defendí la pequeña cafetera y les aseguré que funcionaría... y funcionó.

Mis amigas sencillamente eran las típicas personas promedio que dicen: "No se puede".

Las grandes ideas siempre tropiezan con obstáculos.

No permitas que alguien más maneje tu barca.

Camina por el sendero de la sabiduría y el entendimiento, "y jamás te apartes de él por ningún motivo, de esa manera tendrás éxito dondequiera que vayas".

En Josué 24:13, encontramos una frase fundamental: "Así les di una tierra que no cultivaron, y ciudades que no edificaron, donde ahora habitan; y ustedes comen los frutos de viñas y olivares que no plantaron".

Esto aclara que el ser humano no puede ganarse nada, sus bienes vienen en forma de obsequios (serán vanagloriados los regalos dados a cualquier hombre).

Recibimos el don del bienestar cuando llegamos al *entendimiento de la riqueza.*

Con el entendimiento del éxito, recibimos el regalo del éxito, pues el éxito y la abundancia son estados mentales.

"Ya que es el Señor nuestro Dios, él es quien nos sacó a nosotros y a nuestros padres de la tierra de Egipto, y fuera de la casa de la esclavitud."

La tierra de Egipto simboliza la oscuridad: la casa de la opresión, donde el hombre es esclavo de sus dudas y miedos, y piensa continuamente en la carencia y la limitación, el resultado de haber seguido el camino equivocado.

El infortunio se debe a que el fracaso se adhiere a las cosas que el espíritu ha revelado a través de la intuición.

Todas las grandes cosas se han logrado por hombres que se apegaron a sus grandes ideas.

Henry Ford ya tenía cierta edad cuando la idea del automóvil le llegó. Tuvo muchas dificultades para juntar el dinero. Sus amigos creían que era una idea descabellada. Su padre le dijo: "Henry, ¿por qué dejas un buen trabajo donde ganas 250 dólares a la semana para seguir una idea descabellada?" Pero nadie pudo hacer que Henry Ford cambiara de parecer.

Así que para salir de la tierra de Egipto y de la casa de la esclavitud, debemos tomar las decisiones correctas.

Sigue el camino correcto. "Sé valiente y ten ánimo y cumple fielmente toda la Ley que dio mi servidor Moisés. No te apartes de ella de ninguna manera y tendrás éxito dondequiera que vayas".

Así que al alcanzar el camino correcto el día de hoy, seguiremos sin temor la voz de la intuición.

La Biblia la llama: "La pequeña voz".

Vino una voz detrás de mí, diciendo: "Este es el camino, camina por él".

En este camino está el bien, ya preparado para ti.

Encontrará la "tierra que no ha cultivado y ciudades que no ha edificado y en las que ahora vive; las viñas y olivares que no ha plantado y de las que come ahora".

Soy la guía divina, sigo el camino correcto. Dios crea caminos donde no los hay.

CRUZANDO TU MAR ROJO

✦

Después el Señor dijo a Moisés:
¿Por qué me invocas con esos gritos?
Ordena a los israelitas
que reanuden la marcha.
Éxodo 14:15

El episodio en el que los hijos de Israel cruzan el Mar Rojo es uno de los relatos más dramáticos de la Biblia.

Moisés los estaba guiando lejos de la tierra de Egipto donde eran sometidos al cautiverio y esclavitud. Pero los egipcios los estaban persiguiendo.

Muchas personas le dijeron a Moisés: "En Egipto te dijimos claramente: Déjanos tranquilos, queremos servir a los egipcios, porque es mejor servirles que padecer en el desierto".

Moisés respondió al pueblo: "No tengan miedo, manténganse firmes y verán de qué manera Dios los va a salvar. Observen a esos egipcios, será la última vez que los verán. Dios luchará por ustedes. Ustedes sólo serán testigos".

Se puede decir que Moisés dio *fe* a los hijos de Israel.

Ellos preferían seguir siendo esclavos de sus viejas dudas y miedos (Egipto quiere decir oscuridad), que dar el gran paso hacia la fe y atravesar el desierto hacia su Tierra Prometida.

No cabe duda que existe un desierto que se tiene que atravesar antes de poder alcanzar la Tierra Prometida.

Aunque las antiguas dudas y miedos nos rodean, siempre habrá alguien que le diga: ¡no te detengas, continúa! En su camino indudablemente habrá un Moisés. Tal vez sea un amigo o su intuición.

"Después el Señor dijo a Moisés: ¿Por qué me invocas con esos gritos? Ordena a los israelitas que reanuden la marcha. Y tú, con el bastón en alto, extiende tu mano sobre el mar y divídelo en dos, para que puedan cruzarlo a pie, sobre tierra seca".

"Entonces Moisés extendió su mano sobre el mar, y el Señor hizo retroceder el mar con un fuerte viento del este, que sopló toda la noche y transformó el mar en tierra seca. Las aguas se abrieron, y los israelitas entraron a pie en el cauce del mar, mientras las aguas formaban una muralla a derecha e izquierda.

"Los egipcios los persiguieron, y toda la caballería del Faraón, sus carros y sus guerreros, entraron detrás de ellos en medio del mar. Pero el Señor dijo a Moisés: Extiende tu mano sobre el mar, para que las aguas se vuelvan contra los egipcios, sus carros y sus guerreros.

"Moisés extendió su mano sobre el mar y, al amanecer, el mar volvió a su cauce. Los egipcios ya habían emprendido la huida, pero se encontraron con las aguas, y el Señor los hundió en el mar.

"Las aguas envolvieron totalmente a los carros y a los guerreros de todo el ejército del Faraón que habían entrado en medio del mar para perseguir a los hijos de Israel."

Hay que tomar en cuenta que en la Biblia sólo se está

hablando sobre una persona. Se refiera a *su* desierto, *su* Mar Rojo y *su* Tierra Prometida.

Cada persona posee una Tierra Prometida, una esperanza en el corazón, pero han estado tan dominados por los egipcios (sus pensamientos negativos), aunque parezca muy exagerado pero es muy cierto. Usted piensa que confiar en Dios lo coloca en una posición muy arriesgada. La travesía por desierto puede ser peor que los egipcios.

Y, ¿cómo podría usted estar seguro de que en realidad hay una Tierra Prometida?

El raciocinio apoyará a los egipcios siempre.

No obstante, tarde o temprano, algo siempre dice: *¡Sigue adelante!* Habitualmente son los acontecimientos y usted es dirigido por ellos.

Ahora daré un ejemplo de lo que le sucedió a una alumna.

Ella es una extraordinaria pianista y tenía un gran éxito en Europa. Después de una gira por ese continente regresó con un libro lleno de reseñas periodísticas y un corazón alegre.

Sucedió entonces que un familiar se interesó por su carrera y le propuso darle apoyo financiero para una gira de conciertos. Eligieron un agente para que se encargara de los gastos, además de preparar sus presentaciones.

Sin embargo, pasados unos pocos conciertos, se habían quedado sin dinero. El agente se había escapado. Mi alumna se había quedado abandonada, desamparada y furiosa. Más o menos por esos tiempos ella vino a consultarme.

Como ella guardaba un gran rencor a ese hombre comenzaba a enfermarse. Lo único que podía pagar era un cuarto barato, pues tenía una mínima cantidad de dinero, y sentía tanto frío en sus manos con tanta frecuencia que le resultaba imposible practicar.

Sin lugar a dudas ella se encontraba sometida al dominio de los *egipcios*: el odio, el rencor, la carestía y la limitación.

Pero alguien la invitó a una de mis pláticas y en esa ocasión me contó su historia.

Yo le dije: "Lo primero que debes hacer es dejar de odiar a ese hombre. Cuando logres perdonarlo, el éxito regresará a ti. Estás comenzando tu iniciación en el perdón".

Aunque parecía una disposición muy dura, ella lo intentó y vino habitualmente a todas mis sesiones.

Entretanto, el familiar había iniciado los procedimientos legales para recuperar el dinero. El tiempo pasaba pero el caso nunca llegó a la corte.

Un buen día mi alumna había logrado perdonar al hombre: ya no estaba molesta por la situación, y recibió una llamada para que viajara a California.

Inesperadamente, después de cuatro años, le informaron que su caso había llegado a la corte. Cuando regresó a Nueva York ella me llamó y me pidió que pronunciara las palabras para la justicia y la imparcialidad.

Se presentó en la corte a la hora indicada, pero todo se arregló afuera, el hombre le restituiría el dinero en mensualidades.

Cuando ella vino a verme estaba desbordando felicidad, y me dijo: "No guardaba ni el más mínimo rencor hacia el hombre. Él estaba muy sorprendido cuando lo saludé amablemente". Su familiar le dijo que todo el dinero era para ella, así que, de pronto, se encontraba con una enorme cuenta bancaria.

Ella pronto llegará a su Tierra Prometida. Salió de la casa del cautiverio (el odio y el rencor) y cruzó su Mar

Rojo. Su buena voluntad hacia el hombre hizo que las aguas se apartaran y ella pudiera cruzar a pie sobre tierra seca.

Los pies simbolizan el entendimiento, la tierra seca algo sustancial bajos sus pies.

Moisés es una de las figuras más importantes en la Biblia. "A Moisés se le ocurrió salir de Egipto con su pueblo. La misión que tenía ante él no era sólo que el Faraón se negaba a liberar a los que eran sus esclavos, sino que también tenía que levantar a esta nación, que había perdido su espíritu debido a las dificultosas labores y a los capataces, a una rebelión".

Se requirió de un extraordinario espíritu para superar esta situación. Espíritu que Moisés tenía con la abnegación y la seguridad de sus propias convicciones. ¡La abnegación! Él fue llamado el más humilde de los hombres. Con frecuencia se escucha la expresión: "Tan humilde como Moisés". Él llegó a convertirse en uno de los hombres más fuertes, porque seguía fielmente los mandamientos del Señor.

El Señor le dijo a Moisés: "Y tú, con el bastón en alto, extiende tu mano sobre el mar y divídelo en dos, para que puedan cruzarlo a pie, sobre tierra seca".

Y sin ningún dejo de duda en su voz, les dijo a los hijos de Israel: "¡Sigan adelante!". Guiar a una multitud de personas hacia el mar fue algo muy osado, pero él tenía una fe inquebrantable y sabía que no se ahogarían.

¡Observen el milagro!

"El Señor hizo retroceder el mar con un fuerte viento del este, que sopló toda la noche y transformó el mar en tierra seca."

Nunca olvide que esto podría sucederle a usted en cualquier momento.

Piense cuál es su problema. Quizá, debido a que durante mucho tiempo ha sido *esclava del Faraón* (dudas, temores y frustraciones), ha perdido su espíritu.

Dígase a sí misma: *Sigue adelante.*

"El Señor hizo retroceder el mar con un fuerte viento del este."

Un decreto muy fuerte es como un fuerte viento del este.

Tome un decreto de verdad vital. Por ejemplo, si su problema es de tipo económico diga: *Mi abastecimiento proviene de Dios, y ahora sorpresas económicas felices y fabulosas vienen a mí, por la gracia, de una forma perfecta.* Este es un extraordinario decreto, pues contiene un elemento de misterio.

Sabemos que Dios trabaja de formas misteriosas para llevar a cabo sus milagros. Se puede decir, incluso, de formas sorprendentes. En cuanto que usted ha pronunciado el decreto para el abastecimiento, ha hecho que el viento del este se levante.

No pierda el tiempo y camine hacia su Mar Rojo de carestía o restricción. Para llegar a su Mar Rojo lo que tiene que hacer es *demostrar*, de alguna manera, que usted no tiene miedo.

Ahora les contaré la historia de una alumna que fue invitada a pasar unos días con sus amigos a un sitio de veraneo de moda.

Durante muchísimo tiempo ella había vivido en el campo, había subido de peso y nada le quedaba. La invitaron de improviso. El único atuendo que le venía bien era su traje de exploradora. Eso quería decir que necesitaba trajes de noche, zapatos y accesorios, pero no tenía nada de eso, y menos aún dinero para comprarlos. Ella se acercó a mí y le dije: "¿Qué es lo que sientes?"

Ella respondió: "No siento miedo. Tengo la corazonada de que sin importar lo que pase, iré".

De esa manera ella empacó algo para su viaje y se fue.

La recibieron muy bien cuando llegó a la casa de su amiga, entonces su anfitriona con un poco de vergüenza le dijo: "Lo que voy a decirte tal vez te lastimará, pero mandé poner en tu habitación algunos trajes de noche y zapatos que jamás uso. ¿Te gustaría usarlos?"

Mi amiga le dijo que estaría encantada y todo le quedó a la perfección.

Era indudable que ella había llegado a su Mar Rojo y lo había atravesado de pie, sobre tierra seca.

Me dirijo hacia mi Tierra Prometida, las aguas de mi Mar Rojo se dividieron y, ahora, yo camino sobre tierra seca.

EL CENTINELA EN LA PUERTA

Entonces les puse centinelas:
¡Atención al toque de la trompeta!
Jeremías 6:17

Cada persona debe tener un centinela en la puerta de sus pensamientos. El superconsciente es el Centinela en la Puerta.

Todos tenemos la capacidad de elegir nuestros pensamientos.

Aparentemente es casi imposible controlarlos, pues hemos vivido en el plano mental durante miles de años. Los pensamientos se lanzan a nuestras mentes como una estampida de vacas o de ovejas.

Pero sólo hace falta un perro pastor para controlar a las horrorizadas ovejas y llevarlas al corral.

Vi una película en la que un perro pastor controlaba unas ovejas. Había logrado juntar a todas, con excepción de tres. Esas tres ovejas se resistieron y se resintieron. A modo de protesta, balaban y alzaban sus patas delanteras, no obstante el perro sencillamente se plantó frente a ellas y no dejó de mirarlas fijamente. En ningún momento les ladró o amenazó. Únicamente se sentó y las miraba con determinación. Después de un rato las ovejas menearon sus cabezas e ingresaron al corral.

De la misma manera, nosotros somos capaces de controlar nuestros pensamientos, por medio de una suave determinación, sin necesidad de usar la fuerza bruta.

Lo que hay que hacer, mientras nuestros pensamientos están en estampida, es tomar una afirmación y repetirla sin cesar.

No podemos vigilar nuestros pensamientos todo el tiempo, pero podemos *vigilar nuestras palabras*, la repetición graba el subconsciente, y entonces controlaremos la situación.

En Jeremías 6:17 encontramos la siguiente frase: "Entonces les puse centinelas: ¡Atención al toque de la trompeta!"

Alcanzar el éxito y la felicidad en la vida depende del centinela en la puerta de sus pensamientos, porque así, tarde o temprano, sus pensamientos se manifestarán externamente.

Las personas creen que si evaden una situación, ésta desaparecerá, pero si toman esa postura, no importa a dónde vayan, siempre enfrentarán la misma situación.

Tendrán las mismas experiencias hasta que hayan entendido sus enseñanzas. En la película *El Mago de Oz* se trata este tema.

Dorothy, una pequeña niña, es desdichada porque una mujer mala del pueblo quiere quitarle a Toto, su perro.

Desesperada, ella va a decírselo a sus tíos, Em y Henry, pero éstos están demasiado atareados como para ponerle atención, y le dicen que se vaya a jugar.

Entonces ella le dice a Toto: "En algún lugar existe un sitio maravilloso, con altos cielos, donde todos son felices y nadie es malo. ¡Cómo me gustaría estar ahí!"

De repente, llega un tornado a Kansas, y ella y Toto son arrastrados por el cielo hasta la tierra de Oz.

En un inicio, aparentemente todo es muy bonito, pero súbitamente comienzan a sucederle las mismas cosas que le pasan en su mundo. La mujer mala del pueblo ahora es una malvada bruja y todavía intenta quitarle a Toto.

¡Cómo querría ella estar de vuelta en Kansas!

Así, le dicen que vaya en busca del Mago de Oz. Él es todopoderoso y le concederá su deseo.

Ella emprende un viaje para encontrar el palacio del Mago en Ciudad Esmeralda.

En el camino se encuentra con un espantapájaros que es muy desdichado porque no tiene cerebro.

También conoce a un hombre de hojalata, que es muy desdichado porque no tiene corazón.

Después conoce a un león que es muy desdichado porque no es valiente.

Ella los anima diciéndoles: "Iremos todos con el Mago de Oz y él nos dará lo que deseamos": al espantapájaros un cerebro, al hombre de hojalata un corazón y al león le dará valor.

Dorothy y sus amigos pasan por muchas experiencias muy duras, pues la bruja mala está decidida a capturar a Dorothy para quitarle a Toto y las zapatillas de rubí que la protegen.

Finalmente, logran llegar a Ciudad Esmeralda donde está el palacio del Mago de Oz.

No obstante, cuando piden una audiencia, les dicen que jamás nadie ha visto al Mago de Oz, quien vive misteriosamente en el palacio.

Pero gracias a la ayuda de la bruja buena del norte, logran entrar en el palacio. Una vez adentro, descubren que el Mago es un farsante que viene del mismo lugar que Dorothy: Kansas.

Se entristecen mucho porque creen que sus deseos no se les pueden conceder.

En ese momento la bruja buena del norte les enseña que sus deseos *ya han sido* concedidos. El espantapájaros ha desarrollado un cerebro pues había tenido que decidir qué hacer durante las aventuras que habían vivido; el hombre de hojalata descubre que tiene un corazón porque quiere a Dorothy, y el león se ha vuelto valiente porque tuvo que mostrar coraje a lo largo del viaje.

La bruja buena del norte le pregunta a Dorothy: "¿Y tú qué has aprendido de tus experiencias?"; entonces Dorothy le responde: "He aprendido que el deseo de mi corazón es estar en mi propia casa y mi propio patio". Así que la bruja buena agita su varita mágica y Dorothy se encuentra de regreso en su casa.

Cuando despierta, se da cuenta que el espantapájaros, el hombre de hojalata y el león son sólo los ayudantes que trabajan en la granja de su tío. Todos estaban muy felices por su regreso. Esta historia nos enseña que los problemas irán tras de nosotros si huimos de ellos.

Si no se preocupa por una situación, ésta se hundirá por su propio peso.

Existe una Ley secreta de indiferencia. "Nada de esto me perturba". "Ninguna de estas cosas me molesta"; es una forma de decirlo en lenguaje moderno.

En cuanto usted deje de preocuparse, todas las preocupaciones se esfumarán de lo externo.

"Sus maestros se esfuman, cuando sus ojos los han visto."

"Entonces les puse centinelas: ¡Atención al toque de la trompeta!"

En la antigüedad la trompeta era un instrumento musical que se utilizaba para llamar la atención de la gente hacia algo: para celebrar una victoria o para dar una orden.

Usted tendrá que fomentar el hábito de poner atención a cada uno de sus pensamientos y palabras, pues entenderá su importancia.

Las tijeras de la mente, la imaginación, constantemente están cortando sucesos que llegan a su vida.

La mayor parte de las personas están cortando imágenes de miedo. Visualizando cosas que no están en el Plan Divino.

Los seres humanos sólo ven la Verdad con el "ojo simple". Ven a través del mal, pues saben que de ahí viene el bien. Transforman la injusticia en justicia y neutralizan a su supuesto enemigo mandándole *buena voluntad*.

En la mitología antigua se menciona a los Cíclopes, una raza de gigantes, que se decía habían habitado en la isla de Sicilia. Estos gigantes sólo tenían un ojo, que estaba en medio de la frente.

El punto donde se localiza la capacidad para imaginar, se encuentra en la frente (entre los ojos). Por consiguiente estos gigantes de leyenda surgieron de esta idea.

Cuando usted tiene un solo ojo, sin duda es un gigante. De esa manera cada pensamiento será un pensamiento positivo y cada palabra, una palabra de Verdad.

Permita que el tercer ojo sea el centinela en la puerta.

"Por consiguiente, si tiene un solo ojo, todo su cuerpo está repleto de luz".

Si tiene un solo ojo, su cuerpo se convertirá en su cuerpo espiritual, el "cuerpo eléctrico", cortado a imagen y semejanza de Dios (en la imaginación).

Si observáramos el Plan Divino con claridad, podríamos salvar al mundo: con nuestro *ojo interior* imaginando un mundo en paz, lleno de abundancia y buena voluntad.

"No juzgue por las apariencias, juzgue por el juicio imparcial."

"Las naciones no volverán a levantarse en armas contra otras naciones, ni nunca volverán a saber lo que es la guerra."

La Ley secreta de la indiferencia implica que las apariencias desfavorables no lo alteran. Usted tiene que mantenerse firme al *pensamiento positivo, que al final siempre gana.*

La Ley del *Karma* es superada por la Ley espiritual.

Esta es la actitud mental apropiada que debe mantener el sanador hacia el estudiante y hacia su paciente. Indiferente frente a las apariencias de carestía, pérdida o enfermedad, de esa manera el cambio llega a la mente, cuerpo y asuntos.

En Jeremías 31:6, vemos que la clave es la alegría. La alegría nos forma una imagen de libertad individual frente al pensamiento negativo.

"Pues habrá un día en que griten los centinelas en la montaña de Efraím: "¡Levantaos y subamos a Sión, donde está Dios nuestro Señor!"

El Centinela de la Puerta ni descansa ni se descuida. Es el "ojo" que ronda sobre Israel.

No obstante alguien que vive en un mundo de pensamientos negativos, no tiene conciencia del ojo interno.

Ocasionalmente puede tener destellos de intuición o iluminación, pero después vuelve a un mundo de desconcierto.

Estar al tanto de las palabras y los pensamientos requiere determinación y eterna atención. Pensamientos de miedo, fracaso, odio y mala voluntad deben ser disipados y eliminados.

Tomen esta afirmación: "Aquella planta que mi Señor, en los cielos, no ha sembrado deberá ser destruida".

Esto crea una vívida imagen de estar limpiando un jardín de mala hierba. Son eliminadas y se marchitan porque no tienen tierra que las alimente.

Los pensamientos negativos se alimentan de la atención que usted les da. Recurra a la Ley oculta de la indiferencia y niéguese a sentir algún interés.

Si actúa así, pronto será capaz de matar de hambre al "ejército de extranjeros". Las ideas divinas llenarán su consciente, las falsas ideas se esfumarán y usted sólo querrá aquellas que Dios desea para usted.

Hay un antiguo proverbio chino que dice: "El sabio permite que un sastre le confeccione su abrigo".

Permita que el Diseñador Divino confeccione el proyecto de su vida, así encontrará todas las condiciones perfectas permanentemente.

La tierra en la que estoy es tierra bendita. Ahora se propaga rápidamente al proyecto divino de mi vida, donde todas las condiciones son perfectas permanentemente.

EL CAMINO DE LA ABUNDANCIA

Entonces valorarás el
oro como polvo.
Job 22:24

El camino de la abundancia es una vía de un solo sentido.

Un antiguo dicho dice: "No hay dos senderos hacia él".

Usted se está encauzando ya sea hacia la carencia o hacia la abundancia. Una persona con una idea de riqueza y otra con una idea de pobreza no recorren el mismo camino mental.

Para cada persona existe un suministro pródigo, planeado divinamente.

El rico está sacándole jugo, ya que las ideas de riqueza crean ambientes de riqueza.

Transforme sus pensamientos y, en un abrir y cerrar de ojos, todo su entorno cambiará. Su mundo es un mundo de ideas materializadas, palabras materializadas.

Usted cosechará los frutos de sus palabras y pensamientos tarde o temprano.

"Las palabras son fuerzas o materia que se mueven en espirales y regresan en el momento adecuado para cruzar las vidas de sus autores." Las personas que siempre están hablando de carencias y restricciones, cosechan necesidad y limitación.

Si usted se lamenta continuamente de su vida, no podrá entrar en el Reino de la Abundancia.

Conocí a una mujer que toda su vida había estado limitada en sus ideas de bienestar. Todo el tiempo estaba haciendo que sus vestidos viejos "sirvieran", en vez de comprar nuevos. Ella era muy minuciosa con el dinero que tenía y siempre estaba persuadiendo a su esposo de que no gastara mucho. Continuamente decía: "Yo no deseo nada que no pueda pagar".

Ella no compraba muchas cosas, por eso no tenía mucho. Súbitamente, todo su mundo se hundió. Cansado de sus pensamientos fastidiosos y restringidos, su esposo la abandonó. Su desesperación era muy grande, entonces encontró un libro de metafísica. En este libro se explicaba el poder del pensamiento y las palabras.

Entonces entendió que ella misma había atraído toda la desdicha y eventos desdichados a su vida por medio del pensamiento negativo. Se rió mucho de sus equivocaciones y decidió sacarles provecho. Estaba determinada a *utilizar la Ley de la abundancia*.

Sin ningún temor, usó el dinero que tenía para probar su fe en su suministro invisible. Se encomendó a Dios como la fuente de su bienestar. Jamás volvió a hablar de carencia y limitación. Se mantuvo viéndose y sintiéndose próspera.

Sus antiguos amigos prácticamente no la reconocieron. Había tomado el camino de la abundancia. Llegó a sus manos más dinero del que ella hubiera tenido antes. Se le abrieron nuevas puertas; caminos prodigiosos le fueron abiertos. Alcanzó mucho éxito en un empleo para el que no estaba calificada.

De repente estaba en una *tierra milagrosa*. ¿Qué fue lo que sucedió?

Ella transformó las propiedades de sus palabras y pensamientos. Logró confiar plenamente en Dios y le encomendó todos sus asuntos. Le llegaron muchas manifestaciones de la onceava hora, pero su suministro siempre llegó, ya que ella excavó sus zanjas y sin dudar dio gracias.

Hace poco tiempo alguien me llamó y me dijo: "Necesito un trabajo desesperadamente".

Yo le dije: "No lo busque desesperadamente, búsquelo enalteciendo y dando las gracias, ya que Jesucristo, el metafísico más importante, dijo que oráramos alabando y dando gracias".

Cuando se alaba y se dan las gracias las puertas se abren, pues la esperanza siempre triunfa.

Está claro que la Ley es impersonal, por eso una persona deshonesta que tenga pensamientos de riqueza atraerá riqueza; como dijo Shakespeare: "si se adquiere algo de mala forma tendrá un mal final". Durará muy poco y no dará felicidad.

Sólo basta con leer los periódicos para darse cuenta que el camino del delincuente es duro.

Y este es el principal motivo por el cual es tan importante el hacer sus peticiones a la Provisión Universal adecuadamente; y solicitar aquello que le corresponda por Derecho Divino y por la gracia de una forma perfecta.

Muchas personas atraen la prosperidad, pero no la conservan. Algunas porque sus pensamientos cambian, otras la pierden por sus miedos y la preocupación.

En una de mis sesiones de preguntas y respuestas, un amigo nos contó la siguiente historia:

Unos vecinos de su pueblo natal, que siempre habían sido pobres, inesperadamente encontraron petróleo en su jardín trasero. Este hallazgo les proporcionó enormes riquezas. El padre se hizo miembro del country club e iba ahí a jugar golf. No era un hombre joven; el ejercicio fue excesivo para él y falleció en el campo.

Este incidente llenó a toda la familia de miedo. Pensaron que posiblemente todos podrían tener problemas cardiacos, por eso ahora están en cama con enfermeras capacitadas que están atentas a cada latido de su corazón.

En el mundo del pensamiento, todos nos preocupamos por algo.

Ellos ya no se preocupaban por el dinero, así que cambiaron sus preocupaciones hacia su salud.

Antes la idea era que "en la vida no se puede tener todo". Si usted tenía algo perdería otra cosa. Las personas siempre dicen: "Tu suerte no durará para siempre" o "Es demasiado bueno para ser verdad".

Jesucristo afirmó que: "En el mundo (mundo del pensamiento), existe la tristeza, pero alegraos, Yo he superado el mundo (pensamiento)".

En el superconsciente (o Cristo interior), hay una cuantiosa provisión para cada petición, y sus favores son perfectos y eternos.

"Si tú regresas al Omnipotente con humildad, si apartas de tu tienda la injusticia, entonces valorarás el oro como polvo y como guijarros los ríos dorados, pues el Omnipotente será tu oro, y para ti será plata a raudales."

¡Qué imagen tan espléndida! El efecto del "regreso al Omnipotente (en conciencia)".

Para una persona promedio (quien ha pensado en términos de carencia durante mucho tiempo), resulta muy difícil implantar una conciencia de riqueza.

Una de mis alumnas ha tenido maravillosos resultados utilizando el siguiente decreto: *¡Soy la hija del Rey! Ahora mi opulento Padre vierte su abundancia sobre mí: ¡Soy la hija del Rey! Para mí se abren los caminos.*

Por el contrario, muchas personas se enfrentan a situaciones de carencia debido a que, mentalmente, son muy haraganas y no se visualizan alejadas de ese entorno.

Usted debe tener un enorme deseo de encontrar la libertad económica, usted debe sentirse y verse rico, continuamente debe prepararse para la riqueza. Vuélvase un niño y crea que es rico. Con esa actitud usted está grabando la esperanza en su subconsciente.

La imaginación, las tijeras la mente, es el taller del hombre donde continuamente se están diseñando los sucesos de su vida.

El reino de la intuición —la revelación, la iluminación y los presentimientos— es el superconsciente.

La intuición es conocida comúnmente como "corazonada". Ya no me disculpo cuando uso la palabra "corazonada". Ahora ya está incluida en el diccionario.

Tuve el presentimiento de buscar la palabra "corazonada", y ahí estaba.

El reino de las ideas perfectas es el superconsciente. El gran genio atrapa sus pensamientos del superconsciente.

"Sin la visión (imaginación), mi pueblo moriría."

En el momento que las personas pierden la capacidad de imaginar el bien, "mueren" (o se hunden).

Resulta muy interesante comparar las diversas traducciones de la Biblia, sobre todo la francesa e inglesa. En Job 22 versículo 21 de la versión inglesa leemos lo siguiente: "Reconcíliate, pues, con Dios y haz las paces;

y te resultará bien". El mismo pasaje en la francesa dice: "Únete a Dios y tendrás paz. Entonces disfrutarás de la felicidad".

En el versículo 23: "Si vuelves al Omnipotente con humildad, si alejas de tu tienda la injusticia". En la francesa podemos leer: "Serás establecido nuevamente si regresas al Omnipotente, poniendo la iniquidad lejos de tus viviendas".

En el versículo 24 encontramos una nueva y asombrosa traducción. La Biblia en inglés dice: "Entonces valorarás el oro como polvo, y como guijarros los ríos dorados". La francesa dice: "Tira tu oro en la tierra, el oro de Ophir entre las piedras de los torrentes; y el Omnipotente será tu oro, tu plata, tu riqueza".

Esto quiere decir que si la gente depende completamente de su suministro visible, sería mejor que se deshiciera de él y confiara plenamente en el Omnipotente para que le dé oro, plata y riquezas.

Ahora voy a dar un ejemplo, esta es la historia que me contó una amiga:

En una ocasión un sacerdote fue a visitar un orfelinato en Francia, en ese lugar alimentaban a muchos niños. Desesperada, una de las monjas le dijo al sacerdote que no había comida y que los niños se morirían de hambre. Además sólo les quedaba una moneda de plata (alrededor de un cuarto de dólar) y necesitaban ropa y víveres.

Entonces el sacerdote le respondió: "Dame la moneda". La monja se la dio y él la arrojó por la ventana. "Ahora —dijo el sacerdote—, confía plenamente en Dios".

Pasó muy poco tiempo antes de que algunos amigos del orfanato se presentaran con bastante comida y donativos de dinero.

No quiero decir que tire el dinero que tenga, pero no dependa de él. *Dependa de su suministro invisible, el Banco de la Imaginación.*

Así nos uniremos a Dios y encontraremos paz, pues Él será nuestro oro, nuestra plata y nuestra riqueza.

Mi defensa será la iluminación del Omnipotente y yo tendré suficiente plata.

NADA ME FALTA

✦

El Señor es mi pastor;
nada me falta.
Salmos 23:1

El más conocido de los Salmos es el 23, podemos afirmar que es el principio básico para el mensaje de la Biblia.

Dice que al ser humano jamás le faltará nada, en cuanto entienda (o tenga la certeza) de que el Señor es su pastor: el *entendimiento* de que la Inteligencia Infinita llenará todas sus necesidades.

Si usted alcanza esta convicción hoy, todas sus necesidades serán satisfechas ahora y para siempre; usted conseguirá, inmediatamente, todo lo que quiera o necesite, la abundancia de las altas esferas; *pues lo que usted necesita ya viene en camino.*

Repentinamente una mujer tuvo la seguridad de que "El Señor es mi pastor, nada me falta". Le pareció estar acariciando su suministro invisible, se sintió más allá del tiempo y el espacio, ya no confió en lo externo.

Su primera demostración fue pequeña, pero necesaria. En ese momento ella necesitaba unos sujetapapeles grandes, pero no tenía tiempo para ir a la papelería a conseguirlos.

Mientras buscaba otra cosa, abrió un compartimiento de un escritorio viejo, y encontró más o menos una docena de sujetapapeles del tamaño que necesitaba. Tuvo la impresión de que la ley estaba actuando, y dio las gracias; en ese momento encontró un poco de dinero pero era justo lo que ella necesitaba; de esa manera cosas grandes y pequeñas comenzaron a llegarle.

A partir de ese momento, ella ha tenido fe en la afirmación: "El Señor es mi pastor, nada me falta".

Es muy común que la gente diga: "Pienso que no está bien pedirle a Dios dinero o cosas materiales".

Pero esa gente no entiende que este Principio Creativo se encuentra dentro de todos los seres humanos (El Padre interno). La Verdadera Espiritualidad diariamente está demostrando que Dios es su proveedor, y no sólo de cuando en cuando.

Jesucristo entendía esta Ley, pues todo lo que Él anhelaba o necesitaba, aparecía de inmediato en *su* camino: las piezas de pan, los pescados y dinero de la boca de los pescados.

Toda acumulación y ahorro desaparecería con este conocimiento.

Esto no quiere decir que usted no deba tener una enorme cuenta bancaria o inversiones, pero sí significa que usted no dependerá de ellas, pues si llegara a suceder que tuviera una pérdida en una dirección, con toda seguridad usted tendría una ganancia en otra.

Todo el tiempo "sus graneros estarán repletos y su copa rebosante".

Ahora, ¿de qué manera uno hace contacto con su suministro invisible? Pronunciando una afirmación de Verdad que le proporcione la comprensión.

"Cualquiera que pronuncie el nombre del Señor será

escuchado", pues esto no es sólo para unos cuantos elegidos. El Señor es su pastor, mi pastor y el pastor de todos.

La Inteligencia Suprema es Dios, y está consagrada a satisfacer las necesidades del ser humano; el motivo de esto es que los seres humanos son Dios en acción. Jesucristo dijo: "El Padre y Yo somos uno mismo".

Parafraseando esta afirmación podemos decir: Yo y el Gran Principio Creativo del Universo somos el mismo y uno solo.

El ser humano sólo tiene carencias cuando pierde contacto con este Principio Creativo, en el cual se debe confiar plenamente, pues es Inteligencia Pura y sabe cuál es el camino hacia la Realización.

El raciocinio y la fuerza de voluntad individual provocan un corto circuito.

"Ten fe en mí y yo haré que suceda."

La mayor parte de las personas se llenan de desconfianza y temor, cuando no tienen nada de qué sujetarse en lo externo.

En cierta ocasión una mujer consultó a un practicante y le dijo: "Soy sólo una insignificante mujer que únicamente tiene a Dios a sus espaldas". El practicante dijo: "No tiene de qué preocuparse si tiene a Dios a sus espaldas", pues "todos los tesoros del Reino le pertenecen".

Casi llorando, una señora me llamó por teléfono y dijo: "Estoy muy angustiada por la situación de mi negocio". Yo le respondí: "La situación con Dios sigue igual: El Señor es su pastor, nada le falta". "Cuando una puerta se cierra siempre se abre otra".

Un exitoso hombre de negocios, que dirige todos sus asuntos con métodos de Verdad, dijo: "El problema con la mayoría de las personas es que sigue confiando en ciertas circunstancias. No tienen la suficiente imaginación como para seguir adelante: para abrir nuevos caminos".

La mayor parte de los grandes éxitos se basan en los fracasos.

Alguien me comentó que Edgar Bergen perdió su papel en una obra de Broadway porque los productores no querían más imitaciones. Entonces Noel Coward lo contrató para la hora de radio de Rudy Vallee y él y Charlie McCarthy se hicieron famosos de la noche a la mañana.

En una conferencia anterior, conté la historia de un hombre muy pobre que se suicidó, pues estaba muy desalentado. Tres días después de su muerte le llegó una carta informándole que había heredado una cuantiosa fortuna.

Un hombre en la conferencia dijo: "Eso quiere decir que cuando quieres estar muerto, tu manifestación se presentará en tres días". Así es, *no dejes que te engañe la oscuridad que antecede al amanecer.*

De vez en cuando es bueno contemplar el amanecer para convencerse de que nunca dejará de amanecer. Esto me trae a la memoria una experiencia que tuve hace algunos años.

Tenía una amiga que vivía en Brooklyn cerca de Prospect Park. Ella acostumbraba hacer cosas inusuales y me dijo: "Ven a verme y nos levantaremos antes del amanecer para ver la salida del sol en Prospect Park".

En un inicio me negué a hacerlo, pero tuve la corazonada de que sería una interesante experiencia.

Era verano. Mi amiga, su hija pequeña y yo nos despertamos cerca de las cuatro de la mañana. Aunque estaba un poco oscuro comenzamos a caminar hasta la entrada del parque.

Varios policías nos miraron con interés, pero mi amiga les dijo firmemente: "Vamos a contemplar el amanecer"; la explicación pareció convencerlos. Caminamos por el parque hasta el hermoso jardín de rosas.

Entonces una tenue línea rosa asomó en el este; de pronto, escuchamos el más tremendo gruñido. Nos encontrábamos muy cerca del zoológico y todos los animales estaban dando la bienvenida al amanecer.

Leones y tigres rugieron, las hienas rieron, también se escuchaban graznidos: todos los animales tenían algo que decir por el nuevo día que estaba iniciando.

Realmente resultó muy vivificante. La luz se colaba a través de las hojas de los árboles; parecía que todo era de otro mundo.

Entonces, conforme llegaba más luz, nuestras sombras se colocaron enfrente de nosotros en vez de estar detrás de nosotros.

¡El principio de un nuevo día!

Este es el extraordinario amanecer que llega a todos nosotros después de las sombras.

No tenga la menor duda de que su amanecer de éxito, prosperidad y abundancia se presentará.

Todos y cada uno de los días son significativos, como lo podemos leer en el extraordinario poema sánscrito: "Por eso, observa bien este día, ese es el saludo del amanecer".

¡Este y todos los días el Señor es tu Pastor! Nada te faltará este día; puesto que usted y este gran Principio Creativo son el mismo y uno solo.

El Salmo 34 también es un Salmo de seguridad. Comienza con una bendición para el Señor: "Bendeciré al

Señor en todo momento, sin cesar en mi boca su ala-banza".

"Los que buscan al Señor, nada les faltará. Buscar al Señor quiere decir que el hombre tiene que hacer el primer movimiento. Aproxímate a mí y yo me aproximaré a ti, dijo el Señor."

Cuando usted hace sus afirmaciones está buscando al Señor, aguardando y preparándose para su bienestar.

Si usted solicita éxito, pero se dispone para el fracaso, no tenga la menor duda de que recibirá aquello para lo que se ha preparado.

En mi libro *El juego de la vida y cómo jugarlo*, cuento la historia de un hombre que me solicitó que hiciera una afirmación para que todas sus deudas fueran pagadas.

Después de haber pronunciado las palabras, él dijo: "Ahora estoy pensando qué le diré a la gente cuando no consiga el dinero para pagarles". Ningún tratamiento le ayudará si no tiene fe en él, ya que la fe y la esperanza se graban en el subconsciente con la imagen de la manifestación.

En el Salmo 23 podemos leer: "Él fortifica mi alma". El alma es su subconsciente y debe ser fortalecida con las ideas adecuadas.

Todo lo que siente profundamente se graba en el subconsciente y se manifiesta en el mundo externo.

Usted será un fracasado, si está convencido de que es un fracasado, y esto no se modificará hasta que usted grabe en su subconsciente la idea de que es un exitoso.

Esto se consigue cuando pronuncia una afirmación en la que uno cree.

En una reunión, una amiga me contó que en cierta ocasión, cuando ella salía del salón, yo le había dado esta afirmación: *La tierra que pisas es tierra fértil.* Hasta ese entonces su vida había sido muy aburrida, pero esta afirmación le ayudó.

Tierra Fértil, Tierra Fértil, resonaba en su mente. De inmediato comenzaron a llegarle cosas buenas y sorpresas felices.

El motivo por el cual es necesario pronunciar una afirmación es porque la repetición continua graba esa idea en el subconsciente. En un inicio usted no podrá vigilar sus pensamientos, pero sí podrá vigilar sus palabras, Jesucristo dijo: "Por tus palabras serás juzgado y por tus palabras condenado".

Escoja cada día las palabras adecuadas, los pensamientos correctos.

La capacidad para imaginar es la facultad creadora: "De las imaginaciones del corazón se manifestaron los asuntos de la vida".

Todos poseemos un banco del que podemos obtener lo que necesitamos: es el Banco de la Imaginación.

Visualicémonos ricos, prósperos y felices: imagine que todos sus asuntos están en orden divino; y deje espacio para que la Inteligencia Infinita trabaje.

"Él tiene armas que tú desconoces, él tiene vías que te sorprenderán."

Una de las frases más significativas del Salmo 23 es: "Tú preparas ante mí una mesa delante de mis adversarios".

Esto quiere decir que aun frente a una situación adversa, provocada por sus dudas, miedos o rencores, existe una salida preparada para usted.

El Señor es mi Pastor, nada me falta.

OBSERVA CON ASOMBRO

✦

*Me acuerdo de las gestas del Señor,
sí, recuerdo tus antiguas maravillas.*
Salmos 77:12

En muchas ocasiones en la Biblia se utilizan las palabras milagro y maravilloso. La palabra milagro se define en el diccionario como: "un motivo de sorpresa, asombro, un prodigio, una maravilla".

En su libro *Tertium Organum*, Ouspensky llama al mundo tetradimensional el "Mundo de lo Maravilloso". Él calculó matemáticamente que existe un mundo donde todo es perfecto. Jesucristo lo llamó el Reino.

Podríamos interpretarlo así: "Busca el Mundo de lo Maravilloso y todo te será dado".

Pero sólo se puede alcanzar por medio de un estado de conciencia elevado.

Jesucristo afirmó que para poder entrar al Reino, tenemos que transformarnos en "niños". ¡Los niños constantemente se encuentran en un estado de felicidad y maravilla!

Cualquier cosa puede pasar de un día para otro. El futuro está lleno de promesas de bienes misteriosos.

En el libro *El jardín de versos de un niño*, Robert Louis Stevenson dice: "El mundo está lleno de una enorme cantidad de cosas, estoy convencido de que deberíamos ser tan felices como los reyes".

Por eso hay que observar maravillados lo que tenemos frente a nosotros; hace algunos años me fue dada esa afirmación, y la menciono en mi libro *El juego de la vida y cómo jugarlo*.

Sucedió que había perdido una extraordinaria oportunidad y sabía que tendría que haber estado más atenta para recibir el bien. Al otro día pronuncié este decreto: "Contemplo asombrada lo que está frente a mí".

Justamente al medio día sonó el teléfono y me volvieron a hacer esa propuesta. En esta ocasión la tomé sin pensarlo dos veces. Evidentemente contemplé este hecho asombrada pues jamás imaginé que me llegara la oportunidad por una vez más.

En una de mis pláticas, una amiga me comentó que hacía poco tiempo esta afirmación le había dado extraordinarios resultados. Estas palabras llenan la conciencia con esperanza radiante.

Los niños están llenos de radiante esperanza, pero conforme van creciendo, las experiencias adversas los sacan del Mundo de lo Maravilloso.

Analicemos esto en retrospectiva y recordemos algunas de las "maravillosas" ideas que nos fueron dadas: "Primero come las manzanas más maduras". "No esperes muchas cosas, así no te sentirás desilusionado." "En la vida no se puede tener todo." "La época más feliz es la niñez." "Nadie puede saber lo que le depara el futuro." ¡Vaya forma de comenzar la vida!

Estos son algunos de los sentimientos que tuve en mi infancia. Cuando tenía seis años de edad, poseía un profundo sentido de responsabilidad. En vez de observar asombrada lo que estaba delante de mí, lo veía con recelo y temor. A esta edad me siento mucho más joven que cuando tenía seis años.

Todavía tengo una fotografía que me tomaron más o menos en esa época; me encuentro sosteniendo una flor, pero con una cara llena de preocupación y desalentada.

¡Había dejado atrás el Mundo de lo Maravilloso! Ahora me encontraba en el de la realidad, como solían decirme los adultos, y difería mucho de ser maravilloso.

Es un enorme privilegio para los niños poder vivir en esta época, cuando se les enseña la Verdad sobre su nacimiento. Aunque no se les enseñe metafísica, los cielos están llenos de radiante esperanza.

Usted se puede transformar en una Shirley Temple o un Fredy Bartholomew o una gran pianista a los seis años de edad e irse de gira.

Ahora todos estamos regresando al Mundo de lo Maravilloso, donde cualquier cosa puede suceder de un momento a otro, pues cuando los milagros se logran, llegan velozmente.

Por eso este consciente del milagro: dispóngase para los milagros, espere los prodigios y los estaremos invitando a presentarse en nuestras vidas.

¡Quizá usted requiera un milagro económico! Para cada petición existe un suministro. Por medio de la fe activa, la palabra y los presentimientos, nosotros liberamos este suministro invisible.

Les voy a dar un ejemplo: Una de mis alumnas, que en algún momento había sido muy rica y dueña de hermosos terrenos, casi no tenía dinero y necesitaba mil dólares y tan sólo le quedaba una capa de armiño. Pero ningún vendedor en pieles le daría mucho por ella.

Entonces pronuncié la afirmación para que se vendiera a la persona adecuada por el precio justo que el suministro se presentara de otra manera. Era preciso que el dinero se manifestara inmediatamente, no era el momento de preocuparse o razonar.

Mi alumna comenzó a caminar por la calle repitiendo la afirmación. Estaba lloviendo y se dijo a sí misma: "Tomando un taxi demostraré una fe activa en mi suministro invisible": era una corazonada muy fuerte. Cuando llegó a su destino y bajó del taxi, se encontró con una mujer que estaba esperando subirse a él.

Era una vieja amiga y muy querida para ella. Era curioso pues era la primera vez en su vida que ella había tomado un taxi, esa tarde su Rolls Royce estaba en el taller.

Caminaron un poco y mi amiga le contó sobre la capa de armiño: "Por supuesto —dijo su amiga—, yo te daré mil dólares por ella". Esa misma tarde ella tenía el dinero.

Los caminos de Dios son ingeniosos, sus métodos infalibles.

Hace algunos días una estudiante me escribió diciéndome que estaba empleando esta afirmación: "Los caminos de Dios son ingeniosos; sus métodos, infalibles". Una sucesión de eventos produjeron una situación específica que ella había estado deseando. Ella observó asombrada cómo trabajaba la ley.

Normalmente nuestras demostraciones se presentan en un "instante". En la Mente Divina todo está calculado con extraordinaria exactitud.

Mi alumna bajó del taxi justo en el momento que su amiga lo iba a abordar; si hubiera pasado un segundo más, ella hubiera tomado otro taxi.

Lo que los seres humanos tienen que hacer es estar muy atentos a sus pistas y corazonadas, pues el camino mágico de la Intuición es todo lo que él necesita y quiere.

En la *Biblia del Lector Moderno* de Moulton, el libro de los Salmos está considerado como la poesía lírica perfecta.

"La meditación musical, que es la base de la lírica, no puede encontrar un mejor campo que el espíritu devoto que emerge instantáneamente al servicio de Dios, y se desborda en los diversos aspectos de la vida activa y contemplativa."

Los Salmos también son escritos humanos, escogí el 77 debido a que éste nos da la imagen de un hombre desesperado, pero en el momento que él contempla las maravillas de Dios, le son restituidas la fe y la seguridad.

"Mi voz sube hacia Dios: yo clamo; mi voz sube hacia Dios: él me escucha.

"En el día de mi angustia voy buscando al Señor, por la noche tiendo mi mano sin descanso, mi alma el con - suelo rehúsa.

"¿Acaso por los siglos desechará el Señor, no volverá a ser propicio? ¿Se ha agotado para siempre su amor? ¿Se acabó la Palabra para todas las edades? ¿Se habrá olvi- dado Dios de ser clemente, o habrá cerrado de ira su corazón?

"Y digo: 'Este es mi penar: que se ha cambiado la diestra del Señor'.

"Me acuerdo de las gestas del Señor, sí, recuerdo tus antiguas maravillas, medito en toda tu obra, en tus haz- añas reflexiono.

"¡Oh, Dios, santos son tus caminos! ¿Qué dios hay grande como Dios?

"Tú, el Dios que obra maravillas, manifestaste tu poder entre los pueblos; con tu brazo a tu pueblo rescataste."

Ésta es la situación por la que pasa el estudiante promedio de la Verdad, cuando se enfrenta a un problema; es embestido por pensamientos de duda, miedo y angustia.

Pero en ese momento llegará a su consciente alguna afirmación de Verdad: "¡Los caminos de Dios son ingeniosos, sus métodos infalibles!". No olvide que ha pasado por otros problemas y los ha podido solucionar, su fe en Dios retorna. Recuerde: *Lo que Dios ha hecho antes, lo hará para mí e incluso más!*

Hace poco tiempo, estaba conversando con una amiga, ella me decía: "¡Sería muy tonto de mi parte si no creyera que Dios va a solucionar mi problema. Cuando tantas veces en el pasado ha hecho que cosas maravillosas me sucedieran, sé que me volverá a suceder!"

Para concluir podemos decir que lo que el Salmo 77 dice es: "¡Lo que Dios ha hecho antes, ahora lo hace por mí e incluso más!"

Cuando usted piensa en su éxito, prosperidad o felicidad anteriores, es bueno saber: cualquier pérdida nace de sus propias ideas vanas, el miedo a la pérdida llegó a su consciente, llenó de problemas y luchó sus batallas, razonó en lugar de seguir el camino mágico de la Intuición.

Sin embargo todo le será devuelto en un abrir y cerrar de ojos pues, como dicen en Oriente: "Lo que Alá ha concedido, no puede ser menguado".

Ahora bien, para volver al estado de conciencia de un niño, usted tiene que sentirse asombrado, pero con cuidado de no vivir en sus días de niñez.

Conozco a muchas personas que sólo piensan en los días felices de su infancia: Para ellos no ha habido cielos tan azules, o pasto más verde. ¡Incluso recuerdan cómo se vestían! Por esa razón, desaprovechan las oportunidades que el maravilloso presente les da.

Les contaré una curiosa historia sobre una amiga que vivía en un pueblo cuando era niña. Sucedió que ella y su familia tuvieron que mudarse a otra ciudad. Pero todo el tiempo recordaba la casa donde había vivido; para ella esa casa era un palacio encantado: grande, espaciosa y glamorosa.

Años después, cuando era una adulta, se presentó la ocasión para visitar esa casa. Se llevó una gran desilusión: se le hizo pequeña, calurosa y fea. Su idea de la belleza había cambiado totalmente, pues encontró en el jardín delantero un perro de acero.

Si usted pudiera volver al pasado, no lo vería igual. Por eso en la familia de mi amiga "hacer perros de acero" significaba vivir en el pasado.

Después su hermana me contó una historia de varios "perros de acero" que ella había hecho. Cuando tenía más o menos dieciséis años, conoció en Europa a un joven muy atractivo y sensible, un artista. El romance no duró mucho, pero ella hablaba continuamente sobre él a su marido.

Pasaron muchos años y el joven guapo y romántico se había convertido en un artista famoso; visitó este país para exhibir una muestra de su trabajo. Mi amiga estaba muy emocionada y lo buscó para revivir su amistad. Fue a la exposición y se encontró con un hombre de negocios muy atrevido, no quedaba ningún rastro del joven que ella había conocido. Cuando se lo contó a su marido, todo lo que él le dijo fue: "hacer perros de acero".

¡Nunca olvide, *ahora* es el momento propicio! *¡Hoy es el día! Y su bienestar puede manifestarse de un momento a otro.*

¡Contemple con asombro lo que está delante de usted!

La esperanza divina nos llena: "¡Te devolveré los años que la langosta devoró!"

Cada uno de nosotros va a pensar ahora en el bien que, aparentemente, es imposible alcanzar; puede ser salud, fortuna, bienestar o la perfecta expresión de uno mismo.

Ahora no crea que su *bien* puede ser alcanzado, únicamente agradezca que ya lo ha recibido en el plano invisible, "de esa manera las escaleras que llevan a él también están aseguradas".

Esté muy atento a sus pistas intuitivas y, de improviso, entrará en su Tierra Prometida.

Contemplo con asombro lo que está frente a mí.

ALCANCE SU BIENESTAR

✦

Antes que me llamen, Yo responderé;
aún estarán hablando, y Yo les escucharé.
Isaías 65:24

¡Alcance su bienestar! Esta es una nueva forma de decir: "Antes que me llamen, Yo responderé".

Su bienestar le antecede; llega antes que usted. ¿Pero cómo alcanzarlo? Usted debe tener ojos para ver y oídos para escuchar, si no es así se le escapará.

Muchas personas jamás alcanzan su bienestar en la vida; ellos dicen: "Mi vida siempre ha sido una calamidad, nunca he tenido buena suerte". Pero esas son personas que han estado ciegas frente a sus oportunidades; o debido a su negligencia, no lo han alcanzado.

Hubo una mujer que le comentó a un grupo de amigas que no había comido en tres días. De inmediato sus amigas comenzaron a pedirle a sus conocidos que le dieran trabajo; pero ella los rechazó. Entonces les dijo que ella jamás se levantaba de la cama antes del medio día, y que le gustaba quedarse acostada para leer revistas.

Lo único que ella buscaba era que los demás la mantuvieran mientras ella leía *Vogue* y *Harper's Bazaar*.

Tenemos que ser muy cuidadosos y no caer en esos estados mentales de haraganería.

Formule este decreto: "Jamás me pierdo nada, estoy muy atento a mi bien". La mayor parte de la gente sólo está medio atenta a su bienestar.

En cierta ocasión un alumno me dijo: "Si escucho a mis corazonadas, siempre me meto en líos".

Ahora les contaré la historia de una mujer, estudiante mía, que siempre hacía caso a sus corazonadas, esta actitud siempre le daba maravillosos resultados.

Sucedió que unas amigas suyas le habían pedido que las visitara en un pueblo cercano. Casi no tenía dinero. Cuando llegó a su destino, descubrió que en la casa no había nadie, se habían ido: ella se entristeció mucho. Entonces empezó a rezar; dijo: "Inteligencia Infinita, dame una pista concluyente, ¡permíteme saber qué debo hacer!"

En ese momento un nombre de cierto hotel le vino de pronto a su memoria —y no se iba—, el nombre parecía resaltar en grandes letras.

Sólo le quedaba el dinero suficiente para volver a Nueva York y al hotel. Justamente en la entrada del hotel se tropezó con una vieja amiga y la saludó cordialmente.

Esta amiga le contó que estaba hospedada en el hotel pero que tenía que hacer un viaje de varios meses, y añadió: "Por qué no te quedas en mi suite mientras estoy de viaje: no gastarás ni un centavo".

Muy agradecida, mi alumna aceptó y comprobó asombrada cómo trabaja la Ley Espiritual.

Siguiendo su intuición había alcanzado su bien.

Todo adelanto nace de un deseo. En la actualidad la ciencia está retornando a Lamarck y su teoría del "poder de desear". Él afirma que los pájaros vuelan no porque tengan alas, sino que tienen alas porque ellos querían volar; las alas serían el resultado de "El empuje del deseo emocional".

Piense en el poder invencible del pensamiento con un objetivo muy claro. La mayor parte de la gente está como entre la neblina casi todo el tiempo, tomando decisiones erróneas y andando por el camino equivocado.

En una ocasión en víspera de Navidad mi doncella le preguntó a una vendedora de un gran almacén: "Creo que éste debe ser su día más atareado". Ella le dijo: "¡Oh, en realidad no! El día más ocupado es después de Navidad, cuando todo el mundo devuelve la mayoría de sus obsequios".

Cientos de personas eligen el obsequio equivocado porque no escuchan a su intuición.

Siempre pida que lo dirijan, sin importar lo que esté haciendo. Esta acción le ahorrará tiempo y energía y frecuentemente toda una vida de estar sintiéndose infeliz.

Todo sufrimiento procede de negar la intuición: si los que construyen la casa no siguen su intuición, tan sólo estarán trabajando en vano.

Fomente la costumbre de escuchar sus corazonadas, de esa manera siempre estará en el camino mágico.

"Antes que me llamen, Yo responderé; aún estarán hablando, y Yo les escucharé."

Si actuamos con la Ley Espiritual, estaremos trabajando para que suceda lo que ya está ocurriendo. Se encuentra en la Mente Universal como una idea, pero se materializa en lo externo, por medio de un deseo puro.

En la mente divina la idea de un pájaro fue una imagen perfecta; el pez tomó la idea, y deseó ser pájaro.

¿Sus deseos le están proporcionando alas? Todos deberíamos estar haciendo que algo, aunque aparentemente es imposible, suceda.

"Lo insospechado sucede; mi bien, que parecía imposible, ahora se manifiesta", es una de mis afirmaciones.

Deje de engrandecer las dificultades, engrandezca al Señor; es decir: engrandezca el poder de Dios.

Una persona promedio vivirá rodeada de todas las dificultades y obstáculos que existen para impedir que su bien se manifieste.

Usted "armoniza con lo que siente", por eso si usted le pone trabas e impedimentos a su atención indivisa, éstos empeorarán.

Proporciónele a Dios su atención completa. Siga afirmando en silencio (de frente a cualquier obstáculo): "Los caminos de Dios son ingeniosos, sus métodos infalibles".

El poder de Dios es imbatible (aunque no se vea). "Aclámame y te responderé, y te mostraré formidables y maravillosas cosas, que tú no conocías."

Para alcanzar nuestro bien, debemos hacer caso omiso de las apariencias desfavorables: "No juzgues por las apariencias".

Consigue alguna afirmación que te proporcione un sentimiento de confianza: ¡El largo brazo de Dios llega a todas las personas y situaciones, tomando bajo su control las circunstancias y velando mis intereses!

Un día me pidieron que pronunciara una afirmación por un hombre que iba a entrevistarse con una persona que, en apariencia, era inescrupulosa. Yo usé la afirmación y el resultado fue la rectitud y justicia de la situación, precisamente en el momento en que yo estaba hablando.

Todos conocemos la cita de Proverbios: "La esperanza demorada provocó que el corazón enfermara, pero cuando el deseo llega, es el árbol de la vida".

Cuando deseamos sinceramente (sin angustia), podemos alcanzar lo que hemos deseado; y el deseo se materializa en lo externo. "Te proporcionaré los sinceros deseos de tu corazón".

Los deseos egoístas, que hieren a los demás, siempre retornan al que los envía.

Los deseos sinceros pueden ser llamados un eco del Infinito, pues resultan ser una idea perfecta en la Mente Divina.

Todos los inventores alcanzan las ideas de los artefactos que crean. En mi libro, *El juego de la vida y cómo jugarlo*, afirmo que el teléfono estaba buscando a Bell.

Normalmente, dos personas distintas descubren los mismos inventos al mismo tiempo; esto se debe a que estaban conectados con la misma idea.

Lo más importante en la vida es hacer que el Plan Divino se materialice.

De la misma manera que la imagen del roble se encuentra dentro de la bellota, el Designio Divino de su vida se encuentra en su superconsciente, y usted tiene que trabajar en el plano perfecto de sus asuntos.

Cuando la gente se duerme frente a su bien, está desafiando al Designio Divino.

Probablemente aquella mujer a la que le gustaba quedarse acostada todo el día para leer revistas, debería estar escribiendo artículos para revistas, pero sus hábitos de flojera impidieron que todos sus deseos prosperaran.

Los peces que deseaban alas, estaban atentos y activos, ellos no se la pasaban en la cama del océano leyendo *Vogue* y *Harper's Bazaar*.

¡Tú que estás dormido despierta, y alcanza tu bienestar!

"Aclámame y te responderé, y te mostraré formidables y maravillosas cosas, que tú no conocías".

"Ahora alcanzo mi bienestar, y antes que yo llamara se me contestó".

RÍOS EN EL DESIERTO

Por tanto yo voy a llevar a cabo una
cosa nueva, que ya se manifiesta. ¿No la ven?
Sí trazaré un camino en las soledades,
y ríos en el desierto.
Isaías 43:19

En Isaías 43 encontramos una gran cantidad de afirmaciones extraordinarias que revelan el indomable poder
de la Inteligencia Infinita, que vienen al rescate del ser
humano cuando se encuentra en problemas. *Sin impor-*
tar qué tan difícil parezca la situación, la Inteligencia Infi-
nita sabe cómo solucionarlo.

Cuando el ser humano trabaja con el Poder de Dios,
se vuelve definitivo y absoluto. Por eso hay que adquirir
un entendimiento de este poder oculto que podemos
invocar en cualquier momento.

Toda apariencia del mal se evapora cuando usted hace contacto con la Inteligencia Infinita (el Dios interno), pues se vuelven lo que son: "imaginaciones super-
ficiales" del ser humano.

Si estuviéramos en mi sesión de preguntas y respuestas seguramente me preguntarían: "¿Cómo contactar
conscientemente ese Poder Invencible?"

Yo les diría: "Por medio de su palabra". "Por tus palabras serás juzgado."

El centurión le dijo a Jesucristo: "Señor, pronuncia la palabra y mi sirviente será curado".

"Todo el que llame en nombre del Señor, será escuchado." Ponga atención a la palabra "llamar": usted está llamando al Señor o Ley, cuando pronuncia una afirmación de Verdad.

Yo siempre digo: pronuncie una afirmación que sienta, eso quiere decir que le dará un sentimiento de confianza.

La gente está dominada por ideas de carencia; carencia de amor, carencia de dinero, carencia de amigos, carencia de salud, etcétera.

Están esclavizadas por la sensación de estar incompletas y por las ideas de obstrucción. Están dormidas en el Sueño Adámico: Adán (hombre genérico) comió un fruto del "árbol Maya de la ilusión" y conoció dos poderes, el bien y el mal.

Jesucristo tenía como misión despertar a la humanidad a la Verdad de un Poder, Dios. "Tú que te encuentras dormido, despierta."

Usted todavía está dormido frente a su bienestar, si carece de cualquier cosa buena.

¿Cómo despertar del sueño Adámico de los contrarios, después de haber estado profundamente dormido en el mundo de los pensamientos durante miles de años?

Jesucristo afirmó: "Se podrá realizar, cuando dos de ustedes se pongan de acuerdo". Esta es la ley de la correspondencia.

Resulta casi imposible que usted mismo ve claramente su bienestar: ahí es cuando el sanador, practicante o amigo se vuelve necesario.

Una gran cantidad de hombres exitosos atribuyen su éxito a la fe que sus esposas les tuvieron.

Tomaré un ejemplo de un periódico reciente, donde Walter P. Chrysler hace un tributo a su esposa: "En la vida nada me ha dado más alegría, que la forma en que mi esposa tuvo fe en mí desde el principio y a lo largo de todos estos años". El señor Chrysler dijo sobre ella: "Yo tenía la idea de que nadie era capaz de entender que yo era ambicioso, a excepción de Della. Yo podía decírselo y ella asentiría con la cabeza. Tal era mi confianza en ella que incluso me atreví a decirle lo que yo pretendía, llegar a ser, algún día, el maestro de la mecánica". Su esposa siempre apoyó sus ambiciones.

No olvide que debe hablar lo menos posible sobre sus asuntos con los demás, y coméntelos sólo con las personas que sabe que le darán apoyo y ánimo. El mundo está repleto de "sábanas mojadas", gente que le dirá "no se puede hacer", que usted está intentando alcanzar demasiado.

Cuando las personas están sentadas en reuniones y pláticas de Verdad, frecuentemente una palabra o una idea abren el camino en las soledades.

Está claro que la Biblia habla sobre los estados de conciencia. Usted se encuentra en medio de la soledad o un desierto, cuando no está en armonía, cuando está molesto, rencoroso, temeroso o vacilante. La duda — sentirse "incapaz de decidirse"—, es, la mayor parte del tiempo, el origen de la mala salud.

En una ocasión cuando viajaba en un autobús, una mujer le hizo la parada y preguntó al conductor cuál era su destino. Él se lo dijo, pero ella estaba indecisa. Empezó a subir y bajar, después volvió a subirse: el conductor volteó hacia ella y le dijo, "¡Señora, decídase por favor!"

Esto mismo pasa con muchas personas: "¡Señoras, decídanse por favor!"

Una persona que es intuitiva jamás titubea: se le dan pistas y corazonadas, y va sin ningún temor hacia adelante, pues sabe que está en el camino mágico.

En la Verdad, siempre solicitamos pistas definitivas sobre lo que se debe hacer; si usted la pide, siempre la recibirá. En algunas ocasiones se presenta en forma de presentimiento, otras viene de lo externo.

Ada, una de mis estudiantes, estaba caminando por la calle, indecisa sobre si debía ir o no a cierto sitio; ella pidió una pista. Delante de ella había dos mujeres caminando. Una miró a la otra y le dijo: "¿Ada, por qué no vas?" —curiosamente el nombre de aquella mujer era el mismo que el de mi alumna—. Mi alumna lo tomó como una pista definitiva y siguió hasta su destino, y el resultado fue muy bueno.

En verdad tenemos vidas mágicas, dirigidas y suministradas en cada paso; siempre que tengamos oídos para oír y ojos para ver.

Evidentemente hemos dejado el plano de la razón y estamos aprovechando el superconsciente, Dios interno, el cual dice: "Este es el camino correcto, continúa por él".

Todo lo que necesite saber, le será revelado. Todo aquello que necesite, le será dado. "Así lo dijo el Señor que abrió un camino en el mar y un sendero en las grandes aguas".

"No te acuerdes de las cosas pasadas, ni tomes en cuenta las cosas viejas".

La gente que vive continuamente en el pasado ha dañado su contacto con el maravilloso ahora. Dios sólo conoce el ahora; ahora es el momento adecuado, hoy es el día.

Muchas personas llevan vidas de restricción, egoísmo y ahorro, temerosa de utilizar lo que tienen; esta actitud atrae aún más escasez y limitación.

Les voy a dar el ejemplo de una mujer que vivía en un pequeño pueblo: prácticamente no podía ver y era muy pobre. Una buena amiga suya le hizo una cita con un oculista y le compró unos anteojos que le permitían ver perfectamente. Algunos días las dos mujeres se encontraron en la calle, pero la que casi no veía no llevaba los anteojos. Entonces la otra le preguntó, "¿Dónde están tus anteojos?" La mujer respondió: "Bueno, no querrás que los gaste utilizándolos a diario, ¿no crees? Sólo me los pongo los domingos".

Usted tiene que vivir en el ahora y estar muy atento a sus oportunidades.

"Por tanto yo voy a llevar a cabo una cosa nueva, que ya se manifiesta. ¿No la ven? Sí, trazaré un camino en las soledades, y ríos en el desierto".

Este mensaje está dirigido a cada persona individualmente: medite sobre su problema y no olvide que la Inteligencia Infinita sabe cuál es el camino hacia la realización. Digo el camino, pues antes de que usted llame le responderán. El suministro siempre antecede a la demanda.

Dios es el Dador y el Regalo, y ahora abre sus propios y extraordinarios caminos.

En el momento que usted solicita que se manifieste el Plan Divino de su vida, automáticamente consigue protegerse de las cosas que son ajenas al Plan Divino.

Tal vez usted crea que toda su felicidad depende de conseguir una cosa específica en la vida; a final de cuentas, usted da las gracias a Dios por que no la consiguió.

Habrá muchas ocasiones en que sienta la gran tentación de escuchar la voz de la razón, entonces discutirá con sus corazonadas; pero de pronto la Mano del Destino lo guiará hacia el sitio correcto; por la gracia, usted se encontrará nuevamente en el camino mágico.

Ahora esté muy atento a su bienestar, usted tiene oídos para oír (sus presentimientos) y ojos que ven libre el camino hacia la realización.

El genio interno es liberado. Ahora cumplo mi destino.

EL SIGNIFICADO INTERNO DE BLANCA NIEVES Y LOS SIETE ENANOS

Me han pedido que dé una interpretación metafísica de uno de los cuentos de los hermanos Grimm: la historia de *Blanca Nieves y los Siete Enanos*.

Es maravilloso ver cómo esta película, basada en ese cuento, sacudió a todo el país y a la sofisticada ciudad de Nueva York, en gran medida debido al genio de Walt Disney.

Se suponía que este cuento era para niños, pero hombres y mujeres adultos han llenado los teatros. Esto se debe a que los cuentos infantiles están basados en antiguas leyendas persas, hindúes y egipcias, que a su vez están fundados en la Verdad.

Blanca Nieves es una pequeña Princesa, sin embargo tiene una madrastra malvada, que está muy celosa de ella. La imagen de la madrastra malvada la encontramos también en la historia de *Cenicienta*.

La mayor parte de las personas tienen una madrastra malvada. LA MADRASTRA MALVADA ES SÍMBOLO DEL PENSAMIENTO NEGATIVO QUE USTED HA CREADO EN EL SUBCONSCIENTE.

Como la madrastra malvada de Blanca Nieves está celosa de ella, siempre la hace vestir andrajos y la tiene encerrada en la parte trasera del palacio.

TODAS LAS FORMAS MALVADAS DE PENSAMIENTO HACEN ESTO.

Todos los días la madrastra malvada consulta su espejo mágico y le pregunta: "Espejito, espejito, dime ¿quién es la más hermosa?" Hasta que un día el espejo le dice: "Tú, Reina mía, podrías ser la más hermosa y bella de todas, pero Blanca Nieves te supera por mucho". Estas palabras enfurecieron a la Reina, por eso decidió enviar a Blanca Nieves y a uno de sus sirvientes al bosque para que éste la matara. No obstante, el corazón del sirviente se llenó de compasión cuando Blanca Nieves le suplicó por su vida, y decidió dejarla en el bosque. El bosque estaba repleto de animales espantosos y muchos peligros. Llena de miedo ella se desmaya y, mientras está en el suelo, se ve un espectáculo de lo más extraño. Muchos de los animalitos y aves más bonitos se acercaron: la rodearon. Ardillas, conejos, ciervos, castores, mapaches, etcétera. Cuando ella abre sus ojos los saluda con mucho gusto; pues resultan ser amigables y bellos. Así, Blanca Nieves les relata su historia y ellos la conducen a una pequeña casa que ella hace suya. PUES BIEN, ESTOS AMIGABLES ANIMALES REPRESENTAN NUESTRAS PISTAS INTUITIVAS O CORAZONADAS, LAS CUALES SIEMPRE ESTÁN DISPUESTAS PARA "SALIR DEL BOSQUE".

La pequeña casa resulta ser en realidad la casa de los Siete Enanos. Todo está desordenado, así que Blanca Nieves y sus amigos animales empiezan a acomodar y limpiar la casa. Las ardillas sacuden con sus colas, los pájaros cuelgan las cosas, el pequeño ciervo utiliza sus cuernos como perchero. Cuando los Siete Enanos vuelven después de haber trabajado en la mina, se dan cuenta del cambio y encuentran a Blanca Nieves durmiendo en una de las camas. Al día siguiente ella les cuenta su historia, entonces se queda con ellos para limpiar la casa y prepararles la comida, Blanca Nieves es muy feliz.

LOS SIETE ENANOS SIMBOLIZAN LAS FUERZAS PROTEC-
TORAS QUE NOS RODEAN.
Entretanto, la madrastra malvada consulta su espejo
y éste le dice: "Sobre las colinas en la parte verde del
bosque, donde los Siete Enanos tienen su casa, Blanca
Nieves se está escondiendo, y ella es mucho más hermosa, oh, Reina, que tú". Esto hace que la Reina se enfu-
rezca aún más, y decide disfrazarse de anciana, y buscar
a Blanca Nieves para envenenarla con una manzana.
Por fin la encuentra en la casa de los Siete Enanos y la
tienta con la enorme, roja y suculenta manzana. Todos
los animalitos del bosque intentan decirle que no la toque. ELLOS INTENTAN QUE ESCUCHE SU CORAZONADA Y
QUE NO LA COMA. Con desesperación la rodean rápidamente, pero Blanca Nieves no puede resistir la manzana, le da una mordida y cae, aparentemente, muerta. En
ese momento, los pajaritos y los animalitos se apresuran
a traer a los Siete Enanos para que la rescaten; pero es
muy tarde, Blanca Nieves está ahí sin vida. Todos bajan
su cabeza con mucha tristeza. Pero, súbitamente, apare-
ce el Príncipe, besa a Blanca Nieves y ella vuelve a la
vida. Se casan y viven felices para siempre. La Reina, la
madrastra malvada, es arrastrada por una espantosa tor-
menta. LA ANTIGUA FORMA DE PENSAMIENTO SE DISUEL-
VE Y SE DISIPA PARA SIEMPRE. EL PRÍNCIPE REPRESENTA EL
PLAN DIVINO DE SU VIDA. USTED VIVIRÁ FELIZ PARA
SIEMPRE EN EL MOMENTO QUE DESPIERTE.
Esta es la historia que ha hechizado a Nueva York y
a todo el país.
Descubra qué forma de tiranía está tomando su madrastra malvada en su subconsciente. Pues esa idea ne-
gativa actúa en todos sus asuntos.
La gente suele decir: "Mi bienestar siempre me llega

muy tarde". "¡He perdido muchas oportunidades!" Debemos cambiar el pensamiento y afirmar continuamente: "Estoy muy atento a mi bienestar, jamás pierdo una oportunidad".

TENEMOS QUE DESTERRAR LAS TENTACIONES SOMBRÍAS DE LA MADRASTRA MALVADA. EL PRECIO QUE DEBEMOS PAGAR PARA LIBERARNOS DE ESTAS FORMAS DE PENSAMIENTO NEGATIVO ES LA ETERNA VIGILANCIA.

No hay nada que pueda impedir, nada que pueda demorar la manifestación del Plan Divino de mi vida.

¡El Brillo de los rayos de Luces en mi camino, señala el Camino Abierto de la Realización!

ÍNDICE

La puerta secreta hacia el éxito   7

Ladrillos sin paja   15

Y cinco de ellas eran cautas   23

¿Qué es lo que usted espera?   31

El largo brazo de Dios   37

La piedra en el camino   45

Cruzando tu mar rojo   53

El centinela en la puerta   61

El camino de la abundancia   69

Nada me falta   77

Observa con asombro   85

Alcance su bienestar   93

Ríos en el desierto   99

El significado interno de
Blanca Nieves y los siete enanos   105

La puerta secreta hacia el éxito,
de Florence Scovel Shinn, fue impreso
y terminado en octubre de 2009 en
Encuadernaciones Maguntis, Iztapalapa,
México, D. F. Teléfono: 5640 9062.